크리스토퍼 브라운

가치투자의 비밀

—

개정판

이 책에 쏟아진 찬사

많이 받는 요청 중 하나가 도서 추천이다. 이 요청은 사실 난감한데, 개인의 투자성향과 실력에 따라 읽어야 할 책이 천차만별이기 때문이다. 그러나 《가치투자의 비밀》은 꼭 빼놓지 않고 거론하는 도서이다. 이미 성공한 투자자라면 초심을 되새길 수 있고, 아예 투자를 처음 접하는 사람도 부담 없이 집어들 수 있을 만큼 얇은 책이기 때문이다. 그러면서도 모든 내용을 담고 있다. 잘 모르는 사람은 말을 복잡하게 하고, 많이 하기도 하지만, 《가치투자의 비밀》은 명료하다. 투자의 정수는 '그레이엄과 도드 마을' 이래 바뀐 적이 없다. 더할 것도 뺄 것도 없는 이 책으로 올바른 투자를 시작하기를 권한다.

김현준, 더퍼블릭자산운용 대표, 《부자들은 이런 주식을 삽니다》 저자

《가치투자의 비밀》은 가치투자의 효용성을 수십 년간 몸소 보여준 대가의 책인 만큼 쉬우면서도 깊이가 남다르다. 이 책은 내가 투자하다 심리적으로 힘든 날이면 항상 찾는 책으로, 그때마다 마음이 편안해지고 내 실수가 무엇이었는지 깨닫게 해주는 고마운 책이다.

정채진, 투자 전문가, 《코로나 투자 전쟁》 저자

가치주 펀드 '트위디, 브라운'은 살아 있는 가치투자의 역사다. 가치투자의 창시자 벤저민 그레이엄과 그의 제자들로 워런 버핏, 월터 슐로스, 톰 냅 등 지금은 전설이 된 투자자들이 이 회사와 어떤 식으로든 인연을 맺고 있다. 이 책의 지은이 크리스토퍼 브라운은 어려서부터 이들의 투자 철학을 보며 성장했다. 브라운은 대가를 따라 하면서 스스로 대가가 됐다. 아마도 투자가로서 이보다 좋은 배경을 가진 인물은 없을 것이다. 가치투자의 역사와 투자 방법에 대해 알고 싶은 이들이라면 반드시 읽어야 할 책이다.

이상건, 미래에셋투자와연금센터 대표

워런 버핏이 한국어를 할 줄 알았다면 한국어판 출간에 누구보다 기뻐했을 것 같다. 이 책은 가치투자의 복음을 설파하는 데 빠져서는 안 되는 필독서인 까닭이다. 그래서 한글을 읽을 줄 아는 독자에게는 큰 행운이다. 두고두고 되씹어도 좋은 가치투자의 정수와 경구, 그리고 이를 뒷받침할 실제 사례로 가득하기 때문이다. 두꺼운 분량 때문에 겁부터 먹게 만드는 다른 책과는 달리 적은 분량에 알찬 내용을 담았다는 점 역시 '가치투자'의 모범 사례라 해도 좋을 법하다. 일독을 권한다.

김재영, 아이투자 대표, 《주식부자들의 투자습관》 저자

가치투자의 대가들로 야구팀을 꾸린다면 워런 버핏은 결정적인 한 방을 치는 4번 타자쯤 되겠다. 존 네프는 번트를 대서라도 출루하는 1번 타자가 어울린다. 피터 린치는 화려한 몸동작을 보이는 유격수가 제격이다. 그렇다면 이 책의 저자인 크리스토퍼 브라운은? 아마도 정통파 우완투수가 아닐까 한다. 벤저민 그레이엄이 가르쳐준 투자법을 변형 없이 21세기인 지금까지도 고집스레 사용하고 있기 때문이다. 이 책은 화려하진 않지만 정통파 가치투자의 진수를 유감없이 보여준다.

최준철, VIP자산운용 공동대표

진리는 결코 멀리 있는 것만은 아니다. 손만 내밀면 닿을 수 있는 거리에도 항상 존재한다. 진리는 곧 상식이기 때문이다. 가치투자도 이러한 범주를 벗어나지는 않는다. 하지만 아는 것과 행하는 것은 그 궤를 달리한다. 가치투자의 아버지로 불리는 벤저민 그레이엄의 적자嫡子라 할 수 있는 전설적인 자산운용사 '트위디, 브라운'은 이러한 철학을 몸으로 실천해 왔다. 이제 이러한 철학을 현존하는 최고 가치투자자 중의 하나인 크리스토퍼 브라운의 눈을 통해 재조명할 수 있는 기회가 찾아온 것은 더 없는 기쁨이라 말할 수 있다.

극히 상식적이면서도 많은 인내를 필요로 하는 지루한 방식의 이러한 투자기법이야말로 시장의 비합리성을 산산조각 낼 수 있는 파괴력을 지니고 있음을 잊어서는 안 될 것이다.

이채원, 라이프자산운용 이사회 의장

버핏의 평생 파트너,
트위디 브라운의 절대 투자 원칙

가치투자의
비밀

2023
최신개정판

크리스토퍼 브라운 지음

권성희 옮김 | **이상건** 감수

흐름출판

투자 고수들이 추천하는
최고의 주식투자 입문서

— 이상건, 미래에셋투자와연금센터 대표

이 책을 처음 만난 때가 기억난다. 아마도 2006년인 듯하다. 당시 가끔 할 일이 없을 때면 심심풀이 삼아 아마존에 들어가 미국의 투자 관련 서적을 훑어보곤 했다. 눈에 딱 들어온 건 와일리 출판사의 '작은 책A little book' 시리즈였다. 와일리는 투자 분야의 고전에 속하는 타이틀을 많이 보유하고 있는 출판사였는데, 이런 곳에서 새로운 시리즈를 출간했다는 점이 호기심을 불러일으켰다. 기획 의도도 멋졌다. 투자 세계에서 활동하는 여러 분야의 최고 전문가들에게 쉽게 읽힐 수 있는 책을 작은 형태로 만들겠다는 것. 필자 라인업을 보니 한마디로 빵빵했다. 이 시리즈의 앞에 등장한 인물 중 하나가 바로 이 책의 저자인 크리스토퍼 브라운이다. 한번 생각해 보라. 만일 당신이 출판사의 기획자인데 새로운 시리즈를 준비하고 있다면, 특히 첫 번째와 두 번째 책에 많은 신경을 쓰지 않겠는가. 초반에 강한 이미지를 심어주어야만 독자들의 주의를 계속 붙잡아둘 수 있지 않을까.

이 책을 만나기 전까지만 해도 크리스토퍼 브라운을 그냥 유명한 펀드매니저 중 한 명쯤으로 알고 있었다. 그런데 이 사람이 시리즈의 앞자리에 위치해 있는 것이다. 의아했던 나는 크리스토퍼 브라운이 일하고 있는 투자회사의 홈페이지에 들어가보고, 구글 검색을 통해서 그가 어떤 인물인지를 뒤지기 시작했다. 검색하면서 개인적으로 놀라운 사실을 발견했다. 그가 몸담았던 '트위디, 브라운'은 조금 유명한 회사 정도가 아니라 가치투자 계보에서 레전드 중에 레전드인 회사였던 것이다.

또 하나, 눈길을 끈 것은 이 회사가 일반 투자자들을 대상으로 공모 펀드를 운용하는 회사였다는 점이다. 가치투자의 창시자 벤저민 그레이엄과 직접 인연을 맺은 인물 중 일반 투자자들로부터 돈을 받아 투자하는 공모 펀드를 운용한 곳은 그리 많지 않다. 버핏은 투자 조합을 청산한 후 버크셔 해서웨이를 경영했을 뿐 일반 투자자로부터 돈을 받는 비즈니스는 하지 않았다. 소액 투자자들도 가입 가능한 공모 펀드를 운용한 대표적인 회사는 '트위디, 브라운'과 '세쿼이어' 정도일 것이다.

'트위디, 브라운'은 원래 주식, 채권, 선물 등의 거래를 중개하던 회사였는데, 그레이엄 뉴먼 투자회사에서 일했던 톰 냅이 합류하면서 주식, 채권 등 유가증권에 투자하는 회사로 그 성격을 바꾸었다. 세쿼이어 펀드는 워런 버핏이 1969년 자신의 투자조합을 해산할 때, 계속 투자를 원하는 이들에게 빌 루안을 소개하면서 만들어진 펀드다. 빌 루안은 버핏과 함께 컬럼비아 대학에서 벤저민 그레이엄과 데이비드 도스 교수의 증권 분석 강좌를 들었던 인물이다. 일부 언론에서는 그를 두고 '버핏의 뉴욕 대변인'이라는 말을 할 정도로 버핏과 가까운 인물이었고, 한때 세쿼이어 펀드의 최대 보유 종목이 버크셔 해서웨이이기도 했다(참고로 그레이엄으로부터 시작된 가치투자의 계보와 철학에 대해 더 궁금한 이들은 1984년 버핏이 자신의 스승 그레이엄이 쓴《증권 분석》출간 50년을 기념하는 자리에서 발표한《그레이엄-도드 마을의 슈퍼 투자자들The Superinvestors of Graham-and-Doddsville》을 읽어보길 바란다).

이 회사의 펀드를 한국에서도 가입할 수 있었다면 서슴지 않고 가입했을 것이지만 현실적으로 불가능했다. 그래서 책이라도 기획하고 싶었다. 게다가 다른 유명 투자자들과 달리 크리스토퍼 브라운은 책을 출간한 적이 한 번도 없었다. 첫 책이었다. 책을 써본 사람은 알 것이다. 첫 책에 얼마나 많은 열정과 노력과 영혼을 갈아(?) 넣는지를⋯. 미국에서도 손꼽히는 가치투자 회사의 최고투자책임자이자 레전드인 사람의 책을 기획한다는 것은 책쟁이로서는 꽤 즐거운 일이 아닐 수 없다. 그래서 흐름출판 측에 제안을 했다. '와일리에서 작은 책 시리즈를 시작했는데, 그 구성이 훌륭하다. 게다가 크리스토퍼 브라운은 그 유명세에 비해 책을 쓴 적이 없으니 빨리 판권을 사서 출간하자.' 기억으론 이런 얘기를 주절거리며 흐름출판의 유정연 사장을 졸랐던 것 같다. 그런 인연으로 와일리의 작은 책 시리즈 타이틀 중 하나를 국내에 처음으로 소개하게 되었다.

책을 출간한 후 적지 않은 시간이 흘렀다. 간혹 주위의 투자 고수들과 책 얘기를 할 때가 있는데, 의외로 이 책을 추천하는 이들이 적지 않았다. 추천의 이유 중 가장 많은 경우를 차지하는 것은 '가치투자 입문서'로서 제격이라는 것이었다. 내용도 좋지만 분량도 적어서 투자의 핵심을 이해하는 데 이만한 책을 발견하기란 쉽지 않다는 의견도 많았다. 나 역시 이런 생각에 적극 동의한다.

입문서라 하면 모름지기 일단 독자들을 질리게 해서는 안 된다. 딱딱한 용어, 베개 정도의 두께, 빽빽한 작은 글씨가 합쳐지면 책을 펼치기도 전에 숨이 막힌다. 입문서는 반대여야 좋다. 우선 읽기 편안해야 하는데 편안함을 넘어 만만해 보이면 더 좋다. 얇을수록 만만하다. 글자도 빼곡하게 들어가지 않아야 한다. 이런 요건을 갖추었다고 해서 입문서로서의 가치가 완성되는 것은 아니다. 무엇보다 내용이 충실해야 한다. 쉬운 문장 속에 깊이와 철학이 담겨 있어야 한다. 더욱이 투자 분야는 경험의 기록이 중요하다. 투자는 평론의 세계가 아니라 실전의 세계이다. 직접 투자를 해서 돈을 벌고 잃어보지 않은 사람이 발을 붙일 수 있는 곳이 아니다. 주식은 더하다. 자신의 투자 성적표를 숫자로 보여줄 수 없는 사람은 거짓 허풍쟁이에 불과할 뿐이다(나는 기자 시절, 유명 거짓 허풍쟁이 베스트셀러 저자들을 많이 만나봤다. 때론 미래의 희망을 얘기하는 사람보다는 그 사람이 기록한 과거 숫자만 믿어야 할 때가 있다. 주식투자의 세계가 그렇다).

결국 이해하기 쉬운 설명과 해설, 가독성 있는 문장, 적절한 책의 두께, 깊이 있는 철학, 자신의 경험 등이 어우러져야 완벽에 가까운 입문서라고 할 수 있을 것이다. 만일 누군가 내게 이 책이 그런 자격을 갖추었느냐는 질문을 한다면, 망설임 없이 '그렇다.'라고 대답할 것이다.

이 책을 읽는 즐거움이 한 가지 더 있다. 중간중간 등장하는 다른 일류 투자가들의 에피소드와 주식 관련 데이터이다. 저가주 사냥꾼 월터 슐로스, 전설적인 펀드매니저 피터 린치, 설명이 필요 없는 워런 버핏, 현대증권 분석의 아버지 벤저민 그레이엄 등의 일화나 주장들이 간간히 등장해 읽는 재미를 더해준다. 여기에 단기투자로 왜 성공하기 어려운지, 주식을 싸게 사는 왜 중요한 것인지, 주가 예측이라는 것이 얼마나 어렵고 게다가 허망한 것인지를 증거 하는 데이터가 풍부하게 소개되어 있다. 이런 데이터만 찾아보더라도 정말 책값이 아깝지 않을 것이다.

개인적으로 2008년 금융위기와 코로나19 팬데믹을 겪으면서 많은 생각을 하게 됐다. 시장 앞에 겸손하지 않으면, 주가 폭락이란 재난에 상처를 입을 수밖에 없는 게 투자의 운명인 것 같다. 이 책을 다시 읽으면서 지난날의 실수를 되짚어보는 반성을 시간을 가질 수 있었다. 반성의 시간 내내 벤저민 그레이엄이 《현명한 투자자》의 마지막에 쓴 문장이 내내 머릿속을 떠나지 않았다.

"만족할 만한 성과를 성취하는 것은 대부분의 사람들이 생각하는 것보다 쉽고, 탁월한 성과를 올리는 것은 보기보다는 어렵다."

보기보다 어려운 탁월한 성과를 내는 데 이 책이 작은 도움이 되었으면 한다. 크리스토퍼 브라운 책을 우리나라에 소개한 한 개인 투자자의 바람이다.

감사의 글

37년이 넘는 세월 동안 내가 가치투자에 대한 철학을 정립해가며 성공적으로 투자경력을 쌓을 수 있도록 도와준 스승들, 동료들, 그리고 친구들에게 감사의 뜻을 전한다.

나는 1969년 6월에 아버지의 사무실을 방문하면서 투자 산업에 발을 들여놓게 됐다. 그때 나는 집에 돌아갈 기차표 값 5달러를 빌리기 위해 트위디, 브라운&냅Tweedy, Browne, and Knapp으로 아버지를 찾아갔다. 그곳에서 아버지의 파트너 에드 앤더슨Ed Anderson을 만났다. 그는 나에게 가치투자의 개략적인 내용을 설명한 뒤 내게 여름방학 동안 트위디, 브라운&냅에서 일할 기회를 주었다. 그리고 난 지금까지 '트위디, 브라운'에 몸담고 있다. 에드는 나에게 가치투자가 무엇인지, 또 가치투자는 어떻게 하는지 가르쳐주었다.

톰 냅Tom Knapp 그리고 나의 아버지에게 머리 숙여 감사한다. 두 사람은 투자의 세계에 막 입문한 나에게 새로운 투자기회를 발굴하고 직접 종목을 고를 수 있는 자유를 허락해주었다. 두 명의 파트너, 존 스피어스John Spears와 내 동생 윌 브라운Will Browne에게도 감사한다. 그들과 거의 30년간 함께 일할 수 있었던 것은 나에게 큰 행운이었다. 우리 회사는 서로 신뢰하고 존중하는 문화를 기반으로 지금까지 성공해올 수 있었다. 우리 회사의 새로운 파트너 밥 위코프Bob Wyckoff와 톰 슈레이저Tom Shrager에게도 감사의 말을 전한다. 새로운 파트너라고 소개했지만 그들과 함께 일한 지도 벌써 15년이 넘는다. 에드와 톰, 그리고 나의 아버지가 만들어온 겸손과 성실의 문화는 우리 세대로 이어져 계속 유지되고 있다. 사실 파트너들끼리 특별한 갈등 없이 동업자 관계를 오랫동안 유지하는 사례는 매우 드물지 않은가?

우리 회사에는 좀 더 쉽게 가치투자의 원칙에 따라 성공적으로 투자할 수 있도록 펀드매니저들을 도와주는 우수한 애널리스트들이 있다. 나는 '트위디, 브라운'을 가치투자의 바티칸시국이라고 생각한다. 우리 회사에 교황은 없지만 우수한 추기경과 주교는 많다.

나는 투자 산업에서 일하며 뛰어난 사람들을 만날 수 있는 귀한 기회를 누렸다는 점에 대해서도 감사한다. 그들이 나에게 어느 정도 영향을 미쳤는지 정확히 말하기는 어렵다. 하지만 막대한 영향을 미친 것만은 분명하다.

뛰어난 가치투자자 월터 슐로스Walter Schloss는 1954년부터 '트위디, 브라운' 사무실 한쪽에 책상 하나를 놓고 펀드 운용을 시작했다. 그리고 89세가 되자 투자의 세계에서 전설로 통하는 인물이 되었다. 밀러, 앤더슨&셰라드Miller, Anderson and Sherrard의 창업자인 폴 F. 밀러Paul F. Miller와 오크트리 캐피털Oaktree Capital의 하워드 막스Howard Marks, 그리고 뛰어난 투자분석과 식견으로 언제나 나의 판단을 예리하게 다듬어줬던 바이런 위언Byron Wien에게 특별한 감사의 뜻을 전한다. 그리고 80대의 나이에도 여전히 정력적으로 일하고 있는 마티 휘트먼Marty Whitman과 진정한 가치투자자로 활동하다 지난해 아쉽게 은퇴한 장-마리 이베이야르Jean-Marie Eveillard도 내가 진심으로 존경하는 인물이다.

가치투자는 스트레스 없이 실천하고 성공할 수 있는 투자방법이다. 나도 아마 90세나 되어서야 은퇴를 고려할 것이다. 물론 100세가 되어서도 투자에 대한 통찰력이 전혀 녹슬지 않은 어빙 칸Irving Kahn과 같은 인물도 있지만 말이다.

마지막으로 우리 회사의 고객이자 나의 친구인 팀 멜빈에게 깊이 감사한다. 팀이 글쓰기를 도와주지 않았더라면 이 책은 결코 세상에 나오지 못했을 것이다.

나는 오랫동안 '트위디, 브라운'에서 일해왔다. 그러나 내가 쓴 이 책이 반드시 '트위디, 브라운'의 투자철학을 대표하는 것은 아니

다. 나는 이 책에 투자에 대한 나의 개인적이고 솔직한 생각들까지
모두 담았다.

로저 로웬스타인
Roger Lowenstein

내가 처음에 폴로론 프로덕츠 주식을 보유하게 된 것은 순전히 우연이었다. 아버지는 1960년대 초 나에게 폴로론 주식 400주를 사주셨다. 난 폴로론이란 회사가 뭘 하는 회사인지, 뭘 만들어 파는지 전혀 알지 못했다. 하지만 난 매일 아침마다 주가를 확인하는 습관을 들이게 됐다(통신기술이 그리 발달하지 않았던 당시에는 신문을 통해 그 전날 주식시장에서 무슨 일이 일어났는지 확인할 수 있었다). 난 폴로론의 주가가 8분의 1달러만 올라도 내 전체 재산이 50달러나 늘어난다는 사실이 매우 경이로웠다. 물론 폴로론의 주가는 오르는 만큼 떨어질 때도 많았다. 난 주가가 오를 땐 잠시 흥분을 느꼈지만 주가가 떨어질 땐 무시해버렸다. 그건 그저 종이에 적힌 숫자일 뿐이니 말이다.

난 아버지에게 주가가 왜 오르는지 물어봤다. 아버지는 그럴 듯하게 대답해주셨지만 난 일부밖에 이해할 수 없었다. 폴로론은 사업을 한다. 음, 이건 이해할 수 있었다. 그리고 폴로론이 하는 사업에서 이익이 많이 날수록 사람들은 더 비싼 가격에 폴로론의 주식을 사려 한다. 나의 이해력은 이 부분에서 막혀버렸다. 폴로론이 이익을 많이 내는 것은 좋다. 하지만 폴로론의 이익이 주식으로 '가는' 것은 아니지 않은가? 내가 아침마다 꼬박꼬박 챙겨 봤던 신문의 주가 시세표와 폴로론의 회사 금고에 쌓인 돈이 도대체 무슨 상관이란 말인가?

내가 이런 의문을 제기하자 아버지는 기업의 이익이 많아지면 주주들에게 배당금을 나눠줄 수 있는 여력이 커진다고 설명했다. 그러니까 기업의 이익이 많아질수록 주주들이 받을 수 있는 배당금도 많아질 수 있기 때문에 주주들에게 이롭다는 말이다. 그래도 난 완벽하게 이해할 수 없었다. 배당금을 얼마나 줄지는 전적으로 폴로론이 결정한다. 폴로론은 나와 같은 주주들, 당시 나와 비슷한 청소년일 것이라고 추측했던 그런 주주들에게 아무것도 줄 필요가 없다. 따라서 나는 주가가 기업의 이익에 따라 움직이는 것은 주식시장의 이상한 특징이라고 결론지어버렸다.

결국 나는 주식시장이란 관례화된 금융규정들로 이뤄진 응원단 같은 것이라고 이해했다. 누구인지 알 수 없는 수수께끼 같은 사람들이 폴로론의 미래 이익전망에 따라 내가 가진 폴로론 주식 400주의 가격을 결정짓고 나는 그저 거기에 따르기만 하면 된다고 생각했다.

아버지가 폴로론 주식을 팔았다고 나에게 말했는지 기억이 나진 않는다. 그러나 어느 날 판 것만은 틀림없다. 어쨌든 나는 그 400주가 이제 나의 400주가 아니라는 사실을 알았고 폴로론은 더 이상 나의 관심을 끌지 못했다. 그러나 이 경험으로 나는 특별한 사고방식을 갖게 됐다. 폴로론 주식으로 돈을 번 것은 아니지만 어린 시절 한때 폴로론 주식을 소유함으로써 나는 투자에 관한 어떤 기질을 갖게 됐다. 이 기질은 내가 직접 주식에 투자하기 시작했을 때는 물론이고 주식에 대한 글을 쓰기 시작했을 때도 나의 내면 깊이 뿌리박혀 있었다.

흔히들 주가란 세상 모든 종류의 관심사에 의해 움직인다고 한다. 전쟁과 평화, 정치, 경제, 주식시장의 추세 등. 그러나 내가 아버지로부터 물려받은 신조는 주식이란 기업 근간의 이익에 따라 움직인다는 것이다.

가치투자에 대해 감탄스러울 정도로 잘 정리해놓은 크리스토퍼 브라운의 이 책을 읽으면서 내내 생각했던 것도 아버지가 나에게 가르쳐준 이러한 교훈이었다. 스포츠 구단에 관한 한 우리는 대개 아버지가 좋아하는 구단을 그대로 따르게 마련이다. 마찬가지로 경제관에 있어서도 부모님이 가진 생각이나 선입관, 편견을 자연스럽게 따르게 된다. 우리가 처음으로 얻는 경제지식은 대개 가족, 특히 생계를 책임지는 사람으로부터 듣고 배운 것이다(우리 세대의 경우 가족의 생계를 책임지는 사람은 대개 아버지였다). 온갖 지식을 쉽게 흡수하는 어린 시절, 가족으로부터 배운 경제지식은 평생토록 잠재의식에 남아 영향을 미친다.

이 책을 쓴 크리스토퍼 브라운은 이런 점에서 커다란 행운을 누렸다. 그는 이 책에서 자신이 어떠한 투자혈통을 타고났는지 살짝 밝히고 있다. 그의 아버지 하워드 브라운은 저자 자신이 오랫동안 일해온 '트위디, 브라운&레일리'의 창립 멤버로 주식 중개인으로 활동했다. 하워드 브라운, 즉 아버지 브라운을 주식 중개인이라고 소개하긴 했지만 '트위디, 브라운&레일리'의 창업 세대를 그저 '주식 중개인'이라고 부르기에는 다소 부족한 감이 있다. 그들은 '중개인'이란 포괄적인 단어로 설명하기엔 너무나 독특했다. 그들은 거래가 거의 없어 시장을 형성하기 어려운 작은 기업들의 주식매매를 중개했다. 그들은 거래가 부진한 주식을 팔고자 하는 사람들과 사고자 하는 사람들을 연결시키는 일을 했는데 이는 당시 미국 뉴욕의 투자 중심지인 월스트리트에서조차 매우 특이한 일이었다. 그들의 고객은 주식시장의 움직임보다 기업의 내재된 가치에 더 많은 관심을 가진 사람들이었다. '트위디, 브라운&레일리'가 취급하던 주식들이 거래가 부진해 사실상 시장이 없었다는 점을 감안하면 이는 자연스러운 일이다. '트위디, 브라운&레일리' 설립 초기 주요 고객 중 하나는 가치투자의 원칙을 체계화한 선구적인 교수이자 금융 저술가이며 펀드매니저인 벤저민 그레이엄^{Benjamin Graham}이었다.

그레이엄은 가치투자의 개념을 정립한 인물이다. 그가 가르친 제자들이 그의 투자철학을 실천에 옮기면서 가치투자의 계보가 시작됐다. 수는 적지만 매우 헌신적인 가치투자자 그룹 가운데 '트위디, 브라운&레일리'는 사실상 가치투자의 본산이라고 할 수 있을 입지를 초기에 구축했다. '트위디, 브라운&레일리'는 그레이엄의 사무실과 매우 가까운 월스트리트 52번가에 자리하고 있었다(그레이엄의 조언을 얻고 그의 주문을 받아 매매를 중개하기에 더없이 좋은 위치였을 것이다). '트위디, 브라운&레일리'는 주식 중개 회사로 출발했지만 궁극적으로는 자산운용사로 변신했다. 가치주 매매를 중개하다 자연스레 그레이엄의 분석기법을 활용해 직접 투자에 나선 것이다.

가치투자를 실천하는 것이 언제나 쉬운 일은 아니다. 그러나 가치투자가 무엇인지 설명하기는 매우 쉽다. 가치투자란 주식을 내재가치보다 싸게 사는 것을 말한다. 즉 주식시장 표면에서 일어나고 있는 여러 가지 사건들과 관계없이 기업의 근간을 구성하는 가치에 근거해 주식을 사는 것을 말한다.(이익에 근거해 폴로론 주식의 가격을 올렸던 신비로운 사람들을 기억하는가?)

주식투자란 가격과 가치에 관한 게임이다. 사고 싶은 주식을 저렴한 가격에 사는 것이 바로 주식투자다. 그러니까 가치투자자들이 주가가 많이 떨어져 저렴해진 주식에 관심을 보이는 것은 매우 자연스러운 일이다. 가치투자자들은 주가가 오를 때 흥분하는 모멘텀 투자자와는 정반대다. 모멘텀이란 시장의 관성, 즉 시장이 움직여가는 추세를 말한다. 모멘텀 투자자는 시장이 상승하든 하락하든 그 추세에 따라 움직인다. 주가가 낮은 주식이 아니라 주식시장이 오를 때 오르는 주식을 사는 사람들이 모멘텀 투자자들이다. 반면에 가치투자자인 크리스토퍼 브라운은 "쇠고기 등심을 사는 것처럼 주식을 사라"고 말한다. 가능하면 할인된 가격에 쇠고기를 사려는 것처럼 주식도 "할인하고 있을 때 사라"는 것이다. 다시 이 책의 저자인 크리스토퍼 브라운의 아버지에 대한 얘기로 돌아가자. 그에 대해서 아직 할 얘기가 좀 남아 있다. 아버지 브라운이 취급했던 주식 중 하나는 주가가 큰 폭으로 떨어졌던 미국 뉴잉글랜드의 섬유회사 버크셔 해서웨이였다. 이 주식은 그레이엄이 1950년대 말에 사려 했다가 결국 사지 않기로 했던 주식이다. 그러나 그레이엄이 컬럼비아대학 경영대학원에서 교수로 활동할 때 가르쳤던 학생이며 투자회사에서도 데리고 일하기도 했던 워런 버핏Warren Buffet도 이 주식에 관심을 가졌다. 당시 미국의 섬유산업이 점점 쇠퇴해가면서 버크셔 주가는 하락세를 계속하고 있었다.

1950년대 초에 그레이엄은 은퇴했고 버핏은 독립했다. 그리고 버핏은 버크셔 주식을 샀다. 아들 브라운에 따르면 "버핏이 오늘날 소유하고 있는 버크셔 주식 대부분"을 샀던 사람은 다름 아닌 '트위디, 브라운&레일리'에서 주식매매를 중개하던 그의 아버지였다. 이 세상에 버크셔만큼 시간이 지나면서 점점 더 좋은 주식으로 드러난 경우도 없을 것이다. 버핏이 처음 버크셔 주식을 사기 시작했을 때 주가는 채 8달러가 안 됐다. 몇 년 후 버핏이 버크셔 경영진을 교체하고 회사를 구조조정하자 주가가 18달러로 뛰어올랐다. 오늘날 버크셔 주가는 1주가 무려 9만 달러에 달한다. 이 책을 지은 브라운의 투자혈통은 그레이엄과 그의 제자인 버핏과도 이렇게 직접적으로 연결돼 있다.

그레이엄과 버핏은 물론이고 '트위디, 브라운&레일리'를 포함한 수많은 그레이엄의 제자들이 주식투자로 큰 성공을 거뒀다. 그렇다면 의문이 하나 생긴다. 가치투자가 그렇게 효과적이라면 왜 가치투자를 실천하는 사람들이 이렇게 적은 것일까? 가치투자는 지난 70년 이상 지속적으로 놀랄 만한 효과를 발휘해왔다. 그런데 왜 투자자들은 이렇게 좋은 투자법을 활용하지 않는 것일까?

투자자들은 매우 조급해하는 경향이 있다. 이러한 조급증은 불안이라고도 할 수 있는데 투자자들이 느끼는 불안은 어린 시절 내가 처음으로 주식을 갖게 됐을 때 씨름했던 문제와 관련이 있다. 예를 들어 어떤 주식의 주가가 매우 싸다고 가정해보자. 가치투자의 관점에서 보면 살 만한 주식이다. 하지만 그 주식이 계속 싼 상태로 남아 있지 않으리란 보장은 어디에도 없다. 언젠가는 주가가 그 기업의 내재가치 수준으로 올라갈 것이라고 누가 확신할 수 있는가? 이 질문은 주식시장에서 주가를 움직이는 것은 왜 결국 이익일 수밖에 없느냐는 의문과 연관돼 있다.

미국의 상원의원이었던 J. 윌리엄 풀브라이트도 1950년대 중반에 그레이엄이 주식시장에 대해 증언할 때 그런 질문을 던졌다. 그때 그레이엄은 이렇게 대답했다. "그것은 다른 모든 사람들과 마찬가지로 나에게도 의문입니다. 다만 오랜 경험을 통해 주식시장이 결국에는 기업의 가치를 따라잡을 것이라는 사실을 알 뿐입니다."

이 문제는 주식시장의 거래량이 크게 늘어난 오늘날에는 더 이상 수수께끼가 아니다. 현재 주식시장 주변에는 기업의 매출액과 이익, 현금흐름, 또 온갖 종류의 다른 사업지표를 동원해 어떤 주식이 어느 정도의 가치를 지니고 있는지 분석하고 평가하는 사람들(나 같은 사람도 여기에 포함된다.)이 득실거린다. 예를 들어 어떤 주식이 실제 가치보다 낮게 평가돼 거래되고 있다고 가정해보자. 그러면 날카로운 분석력을 지닌 어떤 사람이 이 기업의 이익이 지닌 가치를 알아채고 주식을 사려 할 것이다. 기업이 지닌 가치는 이런 식으로 (오랜 시간에 걸쳐) 주가를 떠받치는 지지대 역할을 한다. 가치투자자들이 저평가된 주식에 강한 확신을 갖고 있는 것도 이 때문이다.

그렇다면 가치투자는 왜 아직도 주식투자의 주류로 자리 잡지 못하고 있는 걸까? 브라운은 대다수 투자자들이 가진 성급한 기질 때문이라고 생각한다. 시장은 변화무쌍하고 예측 불가능하다. 저평가된 주식이 시장의 주목을 끌어 마침내 제값을 받게 되기까지 일주일이 걸릴지, 한 달이 걸릴지, 일 년이 걸릴지, 혹은 그 이상이 걸릴지 아무도 알 수 없다. 도무지 예측할 수 있는 방법이 없다. 사실 인내심을 가진 사람은 많지 않다. 사람들은 빨리 수익을 내고 싶어 한다. 경쟁자를 포함한 주위 사람들로부터 빨리 인정받기를 원한다.

가치투자는 이렇게 훌륭한데 가치투자를 활용하는 사람들은 왜 이렇게 적을까 고민할 필요는 전혀 없다. 많은 사람들이 조급해하며 인내하지 못하는 덕분에 소수의 가치투자자를 위한 투자 기회가 생기기 때문이다. 이 책은 구체적인 가치투자 방법을 제시해주는 정말 드문 책이다. 존경해 마지않는 독자들이여, 이를 받아들일지 거부할지는 오로지 여러분 자신에게 달려 있다.

로저 로웬스타인 Roger Lowenstein

기자 출신의 경제 전문 저술가. 10년간 미국 최고의 경제지《월스트리트 저널》기자로 활동하면서 주식시장에 관한 칼럼을 고정적으로 썼다. 현재는 투자 전문 잡지《스마트머니》의 칼럼니스트로 활동하면서《뉴욕 타임스》에 기고하고 있다. 주요 저서로《버핏Buffet: The Making of an American Capitalist》,《천재들의 실패》,《버블의 기원》등이 있다.

차 례

1장 가치투자의 기본 원칙

2장 황금 같은 가치주를 찾아라

3장 해외로 눈을 돌려라

4장 시장에서 승리하는 법

당신은 투자해야 한다

그러나 투자를 잘하기 위해 특별히 똑똑할 필요는 없다

지금은 과거 어느 때보다도 많은 사람들이 주식에 투자하고 있다. 많은 사람들이 부를 늘리는 방법으로 주식투자를 선택하면서 전 세계 주식시장도 점점 더 커지고 있다. 그러나 주식투자를 하는 사람들은 늘어났지만 그중 얼마나 많은 사람들이 주식투자에 대해 깊이 있게 배우고 이해하는 데 시간을 쓰고 있는지는 의문이다. 내 생각에 시간을 들여 주식투자에 대해 배우는 사람은 그리 많지 않은 것 같다.

주식투자에 대해 잘 알고 하는 투자는 인생에 엄청난 혜택을 안겨준다. 알고 하는 주식투자는 자녀들의 학자금을 마련해주고, 당신이 꿈꾸는 일을 할 수 있는 경제적 자유를 선사해주며, 편안한 노후 생활을 보장해준다. 가치투자와 같은 합리적인 투자는 로켓 과학처럼 어려운 것이 아니다. 평균 수준의 IQ를 가진 사람이라면 누구든지 합리적인 투자의 방법을 이해할 수 있다.

가치투자의 원칙을 처음으로 체계화한 사람은 벤저민 그레이엄이다. 그는 컬럼비아대학 경영대학원의 교수이자 직접 투자회사를 설립해 자금을 운용한 펀드매니저였다. 그레이엄은 최초의 주식투자 전문서로 지금도 여전히 많은 사람들이 읽고 있는《증권분석 Security Analysis》의 저자이기도 하다. 그레이엄이 가치투자의 개념을 세운 것은 1934년이었다. 그리고 그가 가치투자의 관점에서 쓴《증권분석》은 수십 년간 수백만 명의 사람들이 읽었다. 따라서 가치투자란 전혀 새로운 개념이 아니다. 오히려 아주 오래된 투자철학이다. 가치투자는 이해하기 쉽다. 특별한 비법에 의지하지 않고 상식에 근거하고 있다. 나는 가치투자가 다른 어떠한 투자전략보다도 오랜 시간 동안 더 우수한 성과를 내왔다고 믿는다.

가치투자란 일말의 예외도 허용하지 않는 엄격한 규정 같은 것이 아니다. 가치투자는 투자에 대한 철학이라고 할 수 있는 몇 가지 관점, 혹은 원칙일 뿐이다. 가치투자는 좋은 주식을 찾을 수 있게 안내해준다. 동시에 나쁜 주식은 피할 수 있도록 이끌어준다.

대개 투자성과는 기준이 되는 주식시장의 대표지수, 즉 벤치마크와 비교해 평가한다. 예를 들어 미국 주식시장에서는 주로 S&P500 지수가 투자성과를 평가할 때 기준으로 사용된다. S&P500 지수처럼 각 나라마다 주식시장의 대표지수가 있다. 가치투자가 장기간에 걸쳐 주식시장의 대표지수, 즉 벤치마크보다 수익률이 좋았다는 사실은 수많은 증거에 의해 확인되어왔다. 게다가 가치투자는 이해하기도 쉽고 실천하기도 쉽다. 많은 사람들이 주식투자를 어려워하지만, 가치투자는 주식투자를 이해하기 어려운 것에서 쉬운 것으로 바꿔준다.

가치투자가 장기적으로 탁월한 수익을 선사한다는 확실한 증거가 수없이 많음에도 불구하고 가치투자의 원칙을 따르는 사람은 매우 드물다. 일반투자자는 물론이고 펀드매니저와 같은 전문투자자 사이에서도 가치투자자는 흔하지 않다. 전체 펀드매니저 중 5~10%만이 가치투자의 원칙을 실천하고 있는 것으로 추정된다.

앞으로 나는 가치투자에 매력을 느끼는 사람들이 왜 이렇게 적은 것인지, 그리고 이 문제가 당신에게 왜 중요한지 설명할 것이다. 그에 앞서 주식을 발굴하고 분석할 때 기억해야 할 가치투자의 기본 원칙을 소개하고, 전 세계 주식시장에서 가치투자의 원칙을 적용해 실천할 수 있는 방법을 공개할 것이다. 내 설명을 다 들은 뒤에 가치투자가 어려운지 쉬운지 판단해보기 바란다. 다시 한번 강조하지만 워런 버핏이 말했듯 가치투자를 하는 데 IQ 125 이상은 필요하지 않다. IQ 125 수준의 평범한 사람이면 누구든 가치투자를 이해할 수 있다.

내가 40년 가까이 일해온 '트위디, 브라운'은 어떤 회사인가

내가 1969년부터 지금까지 일하고 있는 '트위디, 브라운'은 1920

년에 포레스트 버윈드 트위디(빌 트위디)가 세웠다. 트위디는 세련된 옷차림에 유창한 말솜씨를 뽐냈던 1920년대의 다른 주식 중개인들과 비교할 때 매우 특이한 인물이었다. 그는 다른 주식 중개인들은 거들떠보지 않는, 경쟁이 치열하지 않은 틈새시장을 찾았다. 그가 발견한 틈새시장은 거래가 부진한 주식들이었다.

한 사람의 대주주 혹은 소수의 대주주 집단이 주식 대부분을 소유하고 있는 기업은 대개 주식거래가 활발하지 못하다. 대주주는 경영권을 유지해야 하기 때문에 보유하고 있는 주식을 잘 팔지 않는다. 따라서 대주주가 보유한 지분이 많을수록 거래되는 주식의 수, 즉 유통주식 수는 줄어들게 된다. 이 때문에 대주주 보유지분이 높은 기업의 주식을 조금 갖고 있는 소액주주는 대주주에게 파는 것 외에는 갖고 있는 주식을 처분할 수 있는 방법을 찾기가 어려웠다. 시장에서 거래되는 주식이 워낙 없기 때문에 팔겠다고 내놓아도 사겠다는 사람이 쉽사리 나타나지 않았기 때문이다.

트위디는 이러한 주식에서 기회를 발견했다. 그는 주식을 팔고 싶어 하는 주주들과 그 주식을 사고 싶어 하는 주주들을 서로 연결시켜 매매가 이뤄지게 했다. 그는 주주총회에서 주주들을 파악한 뒤 훗날 그들에게 편지를 보내 어떤 주식을 팔거나 살 생각이 있는지 물어봤다. 이런 식으로 트위디는 거래가 부진한 주식의 매매에서 전문가가 됐다.

트위디는 뉴욕 월스트리트의 작은 사무실에서 25년간 조수도 비서도 없이 혼자 일했다. 그러다 1945년에 나의 아버지 하워드 브라운과 친구 조 레일리가 각각 일하던 회사를 나와 트위디와 합류하면서 '트위디, 브라운&레일리'가 탄생하게 됐다. 파트너가 된 세 사람은 거래가 부진한 주식들의 매매를 중개해주는 일을 계속했다.

그레이엄은 1930년대 초에 트위디의 활동에 관심을 갖고 트위디의 고객이 됐다. 트위디와 브라운, 그리고 레일리 세 사람은 1945년에 파트너로 함께 일하기로 하면서 사무실을 월스트리트 52번가, 그레이엄의 투자회사 바로 근처에 얻었다. 그들은 그레이엄과 가까운 곳에 있으면 그레이엄으로부터 더 많은 주식매매 주문을 받을 수 있을 것이라고 생각했다.

'트위디, 브라운&레일리'는 1940년대와 1950년대에 어려움을 겪긴 했지만 결국 살아남았다. 거래가 부진해 싸게 나오는 주식에 관심을 갖는 특이한 투자자들이 꽤 있었기 때문이다. 1954년에 그레이엄이 은퇴하면서 그와 함께 일했던 월터 슐로스가 자신의 투자회사를 설립했다. 슐로스는 '트위디, 브라운&레일리' 사무실 한쪽에 책상 하나를 놓고 거기에서 일했다. 사무실 입구 냉수기와 옷걸이 옆에 있는 책상이었다. 슐로스는 순수한 그레이엄식 가치투자를 그대로 실천에 옮겼다. 그 결과 슐로스는 49년 동안 연평균 20%라는 기록적인 수익률을 올릴 수 있었다. 그는 혼자 살다 87세에 재혼하면서 은퇴했지만 여전히 우리 회사에 사무실을 두고 있다(재혼한 월터의 장래에 대해선 걱정하지 말기를 바란다. 월터의 부모님은 두 분 다 100세 넘어서까지 장수하셨다).

월터는 우리 회사에 매우 소중한 두 사람을 소개해줬다. 그중 한

명은 톰 냅이다. 우리 회사의 설립자였던 빌 트위디는 1957년에 그레이엄의 뒤를 이어 은퇴했다. 나의 아버지와 레일리는 파트너를 계속 세 명으로 유지하기를 원했다. 그때 월터가 소개해준 사람이 톰 냅이다. 톰 냅은 그레이엄의 컬럼비아대학 경영대학원 교수 시절 제자였다. 그는 '트위디, 브라운'의 주주들이 헐값에 회사 지분을 넘겨준 덕분에 '트위디, 브라운'의 세 번째 파트너가 될 수 있었다. 톰 냅은 '트위디, 브라운'을 주식 중개회사에서 자산운용사로 바꾸는 데 주도적인 역할을 했다.

월터가 소개해준 두 번째 사람은 그레이엄의 투자회사에서 일했던 워런 버핏이었다. 투자업계에 전해 내려오는 이야기에 따르면 그레이엄은 은퇴하면서 자신이 운용하던 자금을 모두 버핏에게 맡기려 했다. 하지만 버핏은 아내가 고향 네브래스카주 오마하로 돌아가기를 원하자 아내의 뜻을 따라 귀향했다. 버핏은 그곳에서 가족과 친척, 지인들로부터 자금을 받아 새로운 펀드를 만들어 운용하기 시작했다.

월터 슐로스는 1959년에 버핏을 나의 아버지에게 소개해줬다. 두 사람의 관계는 버핏이 1969년에 운영하던 펀드를 해산할 때까지 10년 이상 돈독하게 계속됐다. 나의 아버지는 현재 버핏이 소유하고 있는 버크셔 해서웨이 주식 대부분을 당시에 사들였다. '트위디, 브라운'은 미국 역사상 가장 탁월한 세 명의 투자자, 벤저민 그레이엄, 월터 슐로스, 워런 버핏을 상대로 주식매매를 중개하는 영광을 누렸다. 이런 역사에 비춰볼 때 우리가 가치투자자들에게 초

점을 맞춰 사업을 펼쳐온 것은 당연한 일이다.

저평가된 좋은 주식을 찾는 것은 좋은 품질의 물건을 가능한 한 싼 가격으로 사는 쇼핑과 같다. 이 책은 오랫동안 꾸준하게 좋은 성과를 거둬온 뛰어난 투자자들의 기본적인 투자철학을 소개하고 있다. 이 책을 통해 당신의 투자 포트폴리오를 싸고 좋은 주식들로 채워 넣는 방법을 배울 수 있기를 바란다.

1장

가치투자의
기본 원칙

1. 주식투자도 쇼핑하듯 하라

주식시장을 이기는 방법은 이것뿐이다

당신은 지금 대형 할인점에서 일주일간 먹을 식료품을 쇼핑하고 있다. 육류 코너에 갔더니 평소 파운드당 8.99달러 하던 쇠고기 등심을 2.50달러에 팔고 있다. 당신은 쇠고기 등심을 아주 좋아한다. 어떻게 하겠는가? 보통 때보다 훨씬 싸게 팔고 있는 쇠고기 등심을 냉큼 카트에 담지 않을까?

당신은 다음 주에도 일주일치 식료품을 사기 위해 같은 할인점에 간다. 이번에도 쇠고기 등심을 살 생각으로 육류 코너에 간다. 이런, 이번 주에는 사람들이 갑자기 등심을 많이 찾는지 파운드당 12.99달러다. 지난주 가격은 물론이고 평소 가격보다도 훨씬 비싸다. 당신은 육류 코너 앞에서 잠시 망설인다. 어떤 결정을 내릴까? '너무 비싼데, 이번 주에는 닭고기나 돼지고기를 먹는 게 낫겠어'라고 생각하지 않을까?

이것이 대다수 사람들이 쇼핑하는 방법이다. 대부분의 사람들, 특히 주부들은 신문과 함께 오는 광고 전단지를 꼼꼼히 읽으며 필요한 물건이나 평소 사고 싶었던 물건을 할인 판매하는지 살펴본다. 냉장고나 TV, 식기세척기처럼 값이 많이 나가는 가전제품은 아무리 급해도 세일 때까지 기다려 사거나, 아니면 싸게 파는 곳을 수소문해서 구매한다.

대출도 마찬가지다. 금리가 떨어지면 대출을 연장하거나 대출을 더 받는다. 금리가 올라가면 가능한 한 대출을 빨리 갚으려고 한다. 이런 식으로 사람들은 자신이 지불해야 하는 가격과 그 대가로 얻는 가치를 비교해 구매를 결정한다. 평소보다 가격이 싸면 필요하거나 갖고 싶었던 것을 더 많이 산다.

하지만 주식시장에서만은 예외인 것 같다. 사람들은 주식시장에 오면 이러한 일반적인 쇼핑 방법, 합리적인 소비행태를 까맣게 잊어버린다. 주식시장에서는 가치를 따지지 않고 남들이 좋다고 하는 주식에 덩달아 흥분하고 인기 있는 주식의 유혹에 쉽게 넘어간다. 증권방송에 출연한 전문가가 칭찬하거나 증권사마다 사라고 추천하는 주식에 귀가 솔깃해진다. '미래의 새로운 물결을 선도할 유망기업이다!', '새로운 패러다임의 주인공이 될 수 있는 기업이다!' 이런 얘기를 들으면 투자자들은 '이렇게 매력적인 주식을 사지 않으면 굉장한 기회를 잃어버릴지도 몰라'라고 생각하며 조급해한다.

평범한 일반투자자들만 이러한 열광의 소용돌이에 휩싸이는 것이 아니다. 애널리스트들도 오르는 주식에 대해서는 하나같이 '매수'를 외친다. 주가가 떨어지면 그제야 '보유'하라고 권한다. 하지만 '보유'란 말은 증권가에서는 '매도'하라는 말이나 마찬가지다(증권가에서 '매도'는 극단적으로 나쁜 경우를 제외하고는 사용하기에 무례한 단어로 여긴다).

주가가 오를 땐 열광하던 투자자들이 주가가 떨어지기 시작하면 주식 사기를 주저한다. 갖고 있던 주식이 급락하면서 큰 손해를 본 투자자들은 주식이라면 진절머리를 치게 된다. 주가가 하락할 때는 방송이나 신문에서도 암담하고 절망적인 소식만 전하는 것처럼 보인다. 결국 투자자들은 점점 더 주식을 사기가 싫어진다. 주가가 하락하여 정작 가격이 할인되고 있을 때는 주식을 외면해버리는 것이다.

주식시장에서는 대부분의 사람들이 오르는 주식은 사야 하고 떨어지는 주식은 팔아야 한다고 생각하는 듯하다. 또 주식시장이 전반적으로 크게 오를 때는 덩달아 주식투자에 동참하고, 주가가 급락해 사람들이 주식시장에서 도망칠 때는 함께 빠져나오려고 한다. 투자자들이 이러한 행동을 보이는 이유는 홀로 남겨지는 것이 두렵기 때문이다. 투자자들은 다른 사람들이 열광적으로 얘기하는 주식, 인기 있는 주식, 소위 잘나가는 주식을 갖고 싶어 한다. 남들을 따라 하면서 다른 많은 사람들도 나와 같은 결정을 내렸다는 사실에 안도감을 느낀다. 설사 그 주식의 가격이 떨어진다 해도 다른 사람들도 모두 나처럼 손해를 보고 있기 때문에 조금이나마 위안을 느낄 수 있다.

평범한 개인투자자들만 이러한 군중심리의 희생양이 되는 것은 아니다. 소위 주식의 전문가라고 할 수 있는 펀드매니저들도 군중심리에 휩쓸린다. 펀드매니저들도 다수의 다른 펀드매니저들이 어떤 주식을 샀는지 관심을 갖고 따라 사는 경향이 있다. 대다수 펀드매니저들이 공통적으로 갖고 있는 주식은 주가가 떨어져도 크게 추궁당하지 않는다. "그 주식은 다른 펀드매니저들도 다 갖고 있다"고 변명할 수 있기 때문이다. 다른 펀드매니저들이 갖고 있는 주식을 따라 사면 수익률을 비교할 때도 안심이 된다. 그 주식이 떨어진다 해도 남들도 다 갖고 있기 때문에 상대적으로 수익률을 비교해보면 그리 나쁘지 않다. 반면 다른 펀드매니저들이 대부분 갖고 있는 주식을 갖고 있지 않으면 그 주식이 오를 때 낭패를 보게 된다. 그 주식을 갖고 있지 않으므로 다른 펀드매니저들보다 수익률이 떨어질 수 있기 때문이다.

주식투자는 쇼핑하는 것과 같다. 같은 상품이면 최대한 더 싸게 사려고 하는 것처럼 주식도 가능한 한 더 싸게 사는 것이 좋다. 어떤 상품이든 가장 인기가 있을 때, 모든 사람들이 사려고 할 때는 세일을 하지 않는다. 주식도 마찬가지다. 주식시장에서 인기를 얻고 있는 주식, 사람들이 침을 튀겨가며 칭찬하는 주식은 세일하지 않는다. 지금 주목받지 못하는 주식, 소외당하고 있는 주식이 세일 중인 주식이다.

주식시장에서 소외당해 할인 판매 중인 주식을 가치주라고 한다. 반면 주식시장에서 화제를 모으며 인기를 끄는 주식은 대개 성장주다. 성장주는 매출과 이익이 빠르게 늘어나고 있거나 지금은 별 볼일 없지만 미래가 유망할 것으로 기대되는 주식이다. 성장주는 해당 산업에서 최고로 꼽히거나 해당 분야에서 가장 혁신적인 기업으로 칭찬받는다. 사람들은 성장주를 살 때 앞으로 그 기업의 상품이나 서비스에 대한 수요가 크게 늘어나 이익이 다른 기업들보다 더 빨리 늘어날 것으로 기대한다. 잘나가는 주식을 갖고 싶어 하는 것은 투자자들의 자연스러운 본능이다. 언론의 주목을 받고 있는 매력적인 기업에 마음이 끌리는 것도 당연하다. 빠른 속도로 성장하고 있는 위대한 기업에 투자하는 것이 결코 잘못된 것은 아니다.

문제는 이런 주식을 살 때 투자자들이 지불하는 가격이다. 다른 사람들이 모두 칭찬하면 덩달아 투자하고 싶은 마음이 생기고, 그러다 보면 주가가 계속 올라가고 있어도 더 늦기 전에 사야 한다는 생각이 든다. 앞으로 성장할 주식이니까 지금 얼마에 사든 주가는 계속 오를 것이라고 믿는다. 투자자들의 이런 심리가 성장주의 주가를 지속하기 어려울 정도로까지 끌어올린다. 그러나 어떤 기업도 초고속 성장을 계속할 수는 없다. 언젠가는 성장의 속도가 둔화된다. 매출액과 이익이 늘어날수록 성장률은 낮아질 수밖에 없기 때문이다. 성장률이 둔화되기 시작하면 이미 오를 대로 오른 주가가 휘청거리며 떨어지고, 주가가 한창 오를 때 샀던 투자자들은 손해를 보게 된다.

세계 최대의 소프트웨어 회사인 마이크로소프트MS는 주당 순이익EPS, Earning Per Share이 1999년까지 7년간 8센트에서 70센트로 무려 775%나 성장했다. 주당 순이익이란 기업의 이익을 전체 발행주식 수로 나눈 것이다. 즉 주식 하나가 창출하는 이익을 말한다. 빠른 성장세 덕분에 MS의 주가는 1999년 말 58.89달러로 사상 최고치를 기록했다. 주가 58.89달러는 당시 MS의 EPS 70센트와 비교할 때 84배가 넘는다. 이는 MS의 이익 1달러를 84달러에 산다는 것과 같은 뜻이다. 과연 1999년 말에 MS의 주식을 이익의 84배나 되는 돈을 주고 살 만한 가치가 있었을까? 지금 와서 돌아보면 결코 아니었다.

MS의 EPS는 그 후 6년간 1.31달러로 87%가 늘었다. 여전히 놀랄 만한 성장세다. 그러나 MS가 1990년대에 누렸던 초고속 성장세와 비교하면 턱없이 낮은 수준이다. 이러한 성장률 둔화는 주가 하락으로 이어졌다. 2006년 1분기 말 MS의 주가는 26~27달러로 1999년 12월 말에 비해 절반 수준으로 떨어졌다. 주가가 하락하면서 주당 순이익 대비 주가의 비율도 1999년 말의 70배, 80배에서 20배 수준으로 내려갔다. 결국 1999년 말에 MS의 주식을 샀던 투자자들은 성장세가 뛰어난 위대한 기업에 투자하고도 손해를 보게 됐다. 더욱 안타까운 것은 투자자들이 투자원금을 회복하기는 요원해 보인다는 점이다(2007년에 들어서도 MS의 주가는 28~30달러 초반 수준이다).

쇠고기든 자동차든 물건을 살 때는 세일할 때 사는 것이 경제적이다. 주식도 할인할 때 사는 것이 합리적이다. 나는 30년 이상 고객을 위해, 또 나 자신을 위해 세일 중인 주식을 사려고 노력해왔다.

재산을 불릴 수 있는 최선의 방법은 주식을 싸게 사는 것이다. 좋은 기업의 주식을 할인 판매 중일 때 사는 것이야말로 최고의 수익률을 올릴 수 있는 방법이다. 이는 역사적으로 증명되어온 사실이다.

투자유형별로 펀드의 수익률을 조사하는 펀드 평가회사인 모닝스타Morningstar에 따르면 기업의 규모에 상관없이 가치주에 투자하는 가치형 펀드가 장기적으로 봤을 때 수익률이 가장 좋았다. 미국 기업에 투자하는 펀드만 그런 것이 아니다. 전 세계 어느 기업에 투자하는 펀드든 결과는 마찬가지였다. 지난 5년간 가치형 펀드의 수익률은 성장형 펀드보다 연평균 4.87%포인트 더 높았다. 어떤 펀드든 주식시장의 대표지수보다 단 1%라도 수익률이 좋으면 우수하다는 평가를 듣는다는 것을 감안하면 이는 두드러진 성과다.

연간 몇 퍼센트의 수익률 차이가 당신의 자산에 엄청난 차이를 가져온다. 당신이 노후자금으로 1만 달러를 투자해 30년간 연평균 8%의 수익률을 올렸다고 가정해보자. 30년 후 퇴직할 시점이 되면 1만 달러는 10만 달러를 약간 넘는 규모로 늘어나게 된다. 만약 연평균 수익률이 11%라면 어떨까? 30년 후 당신의 1만 달러는 거의 22만 9,000달러로 불어나게 된다. 연평균 수익률은 단지 3% 포인트밖에 차이 나지 않지만 30년간 쌓이면 당신의 노후자금은 10만 달러와 22만 9,000만 달러로 2배 이상 차이 나게 된다. 이런 차이로 당신의 노후생활이 크게 달라지는 것은 물론이다.

다시 한번 강조하지만 쇠고기나 청바지나 자동차는 세일할 때 사는 것이 경제적이다. 마찬가지로 주식도 할인할 때 사는 것이 합리

적이다. 할인 중인 주식은 더 높은 수익을 선사해준다. 주식투자에
성공하려면 싸게 사라!

효율적 시장 가설 vs 가치투자

어떤 사람들은 오랫동안 계속해서 시장의 대표지수보다 더 높은 수익률을 올리는 것은 불가능하다고 말한다. 주식시장에 영향을 미치는 모든 정보는 투자자들에게 똑같이 전달돼 주가에 반영되기 때문이라는 설명이다. 내가 알고 있는 정보는 이미 다른 투자자들도 다 알고 있고 시장에도 반영돼 있다. 따라서 이 정보로 시장보다 더 높은 수익률을 올리기는 어렵다. 모든 정보가 주가에 즉각 반영되면서 주식시장이 효율적으로 움직인다는 이런 주장을 '효율적 시장 가설'이라고 한다.

효율적 시장 가설에서는 워런 버핏이나 빌 루안Bill Ruane 또는 빌 밀러Bill Miller와 같은 전설적인 투자자들이 장기간에 걸쳐 시장의 대표지수보다 더 높은 수익률을 올릴 수 있었던 것은 단지 이례적으로 운이 좋았기 때문이라고 생각한다. 워런 버핏은 주식투자만으로 세계 2위의 부자가 된 인물이다. 빌 루안은 세쿼이어 펀드Sequoia Fund를 만들어 1970년부터 1984년까지 총 775.3%의 수익률을 올렸다. 연평균 수익률이 대략 20%로 같은 기간 S&P500 지수의 연평균 상승률 14%를 훨씬 웃돌았다. 빌 밀러는 레그 메이슨 밸류 트러스트Legg Mason Value Trust의 펀드매니저로 지난 15년간 연평균 16%가 넘는 수익률을 올려 같은 기간 S&P500 지수의 상승률 11.5%를 꾸준히 앞섰다.

가치투자자들의 이러한 눈부신 성과가 다만 운이 좋았기 때문일까? 여기에 대해 워런 버핏은 아니라는 입장을 분명히 밝힌 적이 있다. 그는 1984년 벤저민 그레이엄과 동료 교수 데이비드 도드David Dodd의 공저인《증권분석》출간 50주년 기념행사 때 지금은 전설이 되어버린 유명한 연설을 남겼다. 그때 버핏은 가치투자자들을 "그레이엄과 도드 마을 출신의 뛰어난 투자자들"이라 칭하며 다음과 같은 예를 들었다.

버핏은 2억 2,500만 명의 미국인 모두가 매일 1달러를 걸고 동전 던지기 경기를 한다고 가정했다. 동전 던지기 경기에서 진 사람은 탈락하고 이긴 사람은 다음 날 그때까지 딴 모든 돈을 걸고 다시 동전 던지기 경기를 벌인다. 이런 식으로 계속하면 20일 후에는 215명의 우승자가 남아 20일 연속으로 경기에 이긴 대가로 100만 달러를 갖게 된다. '효율적 시장 가설'에서는 시장 평균보다 더 좋은 수익률을 올리는 투자자들이 동전 던지기 경기에서 승리한 운 좋은 사람들과 다를 게 없다고 생각한다.

버핏은 오랑우탄이 같은 방식으로 동전 던지기 경기를 해도 결과는 같다고 설명했다. 최종적으로 215마리의 오랑우탄이 승자로 남는다. 그러나 마지막까지 남은 215마리의 운 좋은 오랑우탄이 모두 같은 동물원 출신이라면 어떨까? 그렇다면 이 오랑우탄들이 어떻게 그런 놀랄 만한 동전 던지기 기술을 익혔는지 궁금하지 않을까?

우승한 215마리의 오랑우탄은 단지 우연히 같은 동물원 출신인 걸까? 아니면 이 오랑우탄들에게는 특별한 비결이 있는 걸까? 버핏은 이런 비유를 든 다음 역사상 가장 큰 성공을 거둔 7명의 투자자를 소개했다. 버핏이 소개한 최고의 투자자 7명은 말하자면 모두 같은 동물원 출신이었다. 특히 몇 명은 컬럼비아대학에서 직접 그레이엄의 가르침을 받았거나 그레이엄의 투자회사에서 함께 일한 적이 있는 사람들이었다. 그들은 모두 기업의 진정한 가치에 비해 싸게 팔리는 주식, 간단히 말해 할인 중인 주식을 산다는 그레이엄의 가치투자에 충실했다.

하지만 할인 중인 주식에 투자한다는 가치투자의 원칙을 실제 투자에 똑같은 방법으로 적용하는 것은 아니다. 똑같은 주식에 투자하는 것은 더더욱 아니다. 투자하는 기업의 수도 가치투자자마다 다르다. 어떤 가치투자자는 소수의 주식만 선별 투자하고, 어떤 투자자는 여러 종류의 주식에 다양하게 분산 투자한다. 투자의 방법은 다르지만 가치투자자들이 공유하는 1가지 기본 원칙은 실제 가치에 비해 할인돼 팔리고 있는 주식을 사야 한다는 것이다. 가치투자자들은 운 좋은 동전 던지기 선수가 아니다. 그저 할인 중인 주식을 골라 사는 것뿐이다.

2.   할인 판매 중인 주식은
어떻게 알 수 있을까?

내재가치에 주목하라

주식도 쇼핑하는 것처럼 세일할 때 사는 것이 좋다고 설명했다. 그
렇다면 주식이 세일 중이라는 사실은 어떻게 알 수 있을까? 어떤 주
식이 싼지 비싼지 판단할 수 있는 기준은 무엇일까? 바로 기업의 내
재가치다. 기업의 내재가치는 기업이 갖고 있는 진정한 가치를 말
한다. 무슨 말인지 와닿지 않는다면 은행에서 돈을 빌려줄 때 어떻
게 하는지 생각해보라.

은행은 돈을 빌려줄 때 통상 담보물을 요구한다. 빌려준 돈을 못
받을 경우 담보물을 팔아 손실을 막기 위해서다. 이 때문에 은행은
돈을 빌려줄 때 담보물의 가치를 꼼꼼히 계산해 빌려준 돈을 못 받
더라도 손해 보지 않을지 따져본다. 그 다음에는 돈을 빌려간 사람
이 이자를 꼬박꼬박 갚을 능력이 있는지 조사한다. 이를 위해 은행
은 돈을 빌려간 사람의 소득을 파악한다. 일정한 소득이 있어야 이

자를 갚을 수 있기 때문이다.

기업의 내재가치란 은행 입장에서 보면 담보물(자산)의 가치와 채무자가 벌어들이는 소득(이익)의 가치를 합한 것이라고 할 수 있다. 즉 기업이 가진 자산, 창출하는 이익, 주주들에게 주는 배당금, 미래에 기대되는 수익 등을 모두 종합한 총괄적이고 본질적인 가치가 내재가치다. 기업이 공개입찰을 통해 매각될 때 받을 수 있는 가격을 내재가치라고 생각하면 이해하기 쉽겠다. 주가가 내재가치보다 낮으면 할인돼 팔리는 것이고, 주가가 내재가치보다 높으면 비싼 것이다. 주가가 내재가치보다 낮을 때 저평가됐다고 하고, 내재가치보다 높을 때 고평가됐다고 한다.

내재가치는 왜 중요할까? 주가는 내재가치와 관계없이 수요와 공급의 원칙에 따라, 또는 여러 가지 내적 요인과 외적 요인이 복합적으로 작용해 올라갔다 내려갔다 하면서 출렁거리는 것 아닌가? 물론 주가가 종종 내재가치보다 더 높게 또는 더 낮게 형성되는 것은 사실이다. 이 때문에 어떤 투자자들은 주가가 움직이는 방향을 보고 투자한다. 이런 투자방식을 '모멘텀 투자'라고 한다. 모멘텀 투자자들은 주가에는 추세가 있어서 한번 오르기 시작하면 한동안 오름세가 계속된다고 믿는다. 모멘텀 투자자들은 주가 상승세에 동참하면서 자신은 주가가 꺾이기 전에 남들보다 빨리 주식을 팔고 나올 수 있다고 자신한다. 그러나 이런 유형의 투자는 신뢰할 수 없다. 주가가 언제까지 오르다 하락세로 돌아설지 정확히 예측할 수 있는 사람은 아무도 없기 때문이다.

내재가치가 중요한 이유는 높은 수익을 얻을 수 있게 해주고 고평가된 주식을 사서 손해 볼 위험을 줄여주기 때문이다. 예를 들어 ABC 아이스크림이란 기업이 있는데 현재 주당 내재가치가 10달러이고 연간 내재가치의 성장률이 10%라고 가정해보자. ABC 아이스크림 주식을 6.5달러에 샀다면 주가가 내재가치에 적합한 평가만 받아도 잠재수익은 3.5달러가 된다. 내년에는 내재가치가 11달러로 늘어나기 때문에 기대할 수 있는 잠재수익은 4.5달러로 커진다. 하지만 ABC 아이스크림을 내재가치만큼인 10달러에 샀다면 내년에 기대할 수 있는 적정 수익은 내재가치의 10% 성장으로 인한 1달러밖에 안 된다. 여기에서 알 수 있듯이 주식투자에서 기대할 수 있는 수익은 대부분 살 때 결정된다. 즉 싸게 살수록 기대할 수 있는 수익도 커진다.

만약 시간이 흘러도 ABC 아이스크림의 주가가 내재가치 수준으로 올라가지 못하고 저평가 상태가 계속된다면 어떻게 될까? 아마도 주주들이 내재가치에 맞는 가격을 받고 매각하거나 저평가된 기업을 사들여 이득을 취하는 기업 사냥꾼이 내재가치에 근접한 가격에 인수해버릴 것이다. 시장이란 궁극적으로는 효율적이기 때문에 내재가치보다 싼 기업을 언제까지나 내버려두진 않는다. 언젠가는 저평가 상태가 주목을 끌어 주가가 내재가치를 찾아가게 마련이다. 가치투자란, 얼마가 걸릴지는 모르지만 언젠가는 저평가된 주식이 제 가치를 찾아간다고 믿고 투자하는 것이다.

내재가치는 고평가된 기업에 투자하는 위험을 피할 수 있게 해준다는 점에서도 중요하다. 내재가치보다 비싼 주식은 마치 동화에 나오는 '벌거벗은 임금님'처럼 취약하고 불안한 상태다. 투자자들이 그 주식의 고평가 상태를 인식하는 순간 주가가 미끄럼틀 타듯 쭉 미끄러질 수 있기 때문이다.

2000년 봄 나스닥 시장의 기술주 급락이 대표적인 사례다. 투자자들은 1990년대 말 기술주 버블 때 인터넷이 새로운 패러다임을 주도할 것이란 믿음으로 너나없이 관련 주식에 뛰어들었다. 그러다 문득 인터넷 기업의 상당수가 높은 주가에 걸맞은 많은 이익을 창출하지 못할 것이란 사실을 깨닫자 관련 주식을 경쟁하듯 팔아치우기 시작했다. 그 결과 한때 투자자들의 필수 보유종목이었던 인터넷주, 기술주들이 곤두박질쳤다. 기업이 창출할 수 있는 이익 수준에 맞게 주가가 재평가된 것이다. 고평가된 주식이 내재 가치에 맞게 재평가되면 그레이엄과 내가 '영원한 자본 손실'이라고 부르는 안타까운 상황이 발생한다.

주식을 내재가치보다 싸게 샀으면 주가가 떨어진다 해도 불안할 이유가 없다. 언젠가는 주가가 내재가치 수준으로 회복될 것이라고 생각하며 편안하게 기다릴 수 있다. 그러나 주가가 심하게 고평가된 상태에서 떨어지기 시작하면, 지금까지 투자의 역사가 반복해서 증명해왔듯이 거품이 들어간 이전의 높은 가격을 회복할 가능성은 거의 없다. 예를 들어 광통신 장비 부품업체인 JDS 유니페이스를 보자. JDS 유니페이스의 주가는 한때 140달러 이상으로 치솟았다가 2달러 미만으로 추락했다. 어떤 투자자가 이 주식을 140달러보다 비싸게 샀다면 과연 JDS 유니페이스의 주가가 다시 140달러 이상으로 회복되는 것을 볼 수 있을까? 투자의 역사는 단호하게 아니라고 대답한다. 이것이 바로 '영원한 자본 손실'이다.

안타깝게도 주식투자 역사에서 '영원한 자본 손실'은 수없이 많이 일어났다. 1990년대 말의 기술주 버블과 뒤이은 붕괴는 가장 최근의 사례일 뿐이다. 이러한 사례는 1970년대 초에도 있었다. 당시에는 '니프티 피프티Nifty Fifty'라 불리던 50개의 인기 성장주가 있었다. '니프티 피프티'란 말 그대로 '멋진 50개 종목'이란 뜻이다. 성장속도가 매우 빨라 주가 상승률이 시장 평균보다 훨씬 높았던 IBM, 코카콜라, 맥도날드 등이 여기에 속했다. 이 50개의 이른바 '미인주'는 투자자들이 너나없이 사려 하는 통에 주가가 터무니없는 수준까지 치솟았다. 투자자들이 니프티 피프티에 얼마나 열광했던지 주가가 주당 순이익의 40배까지 올라갔다.

그러나 1970년대 초 오일쇼크 여파로 주식시장이 급락했을 때 가장 큰 폭으로 곤두박질친 주식도 니프티 피프티였다. 당시 이들 주식은 70% 이상 폭락했다. 니프티 피프티는 사업에서 벌어들이는 돈도 없이 낙관적인 전망만으로 주가가 올랐던 1990년대의 기술주와 달리 실제 사업에서 상당한 이익을 벌어들이고 있었다. 그럼에도 주가가 이익 수준보다 과도하게 높이 올라가자 당연한 수순처럼 주가폭락이 뒤따랐다.

그러나 내재가치를 기준으로 저평가된 주식에 투자하는 가치투자는 이러한 거품과 뒤이은 붕괴를 피해간다. 컬럼비아대학 교수인 루이스 로웬스타인Louis Lowenstein은 기술주 거품으로 나스닥 지수가 급등했다 급락한 뒤 소폭 반등한 1999년 말부터 2003년까지 손해를 보지 않은 펀드가 있는지 조사해봤다.

이 기간 동안 나스닥지수는 5,000포인트까지 올랐다가 1,200포인트 아래로 폭락한 뒤 2,000포인트에 조금 못 미치는 수준으로 회복됐다. 이때 급등락의 피해를 피하려면 1990년대 말 최고의 인기 주식이었던 TMT 종목, 즉 기술Technology, 미디어Media, 통신Telecom 주식을 갖고 있지 않아야 했다. 또 당시 최고로 잘나가는 주식에 속했으나 훗날 분식회계로 파산해버린 엔론Enron이나 월드컴WorldCom 에도 투자하지 말았어야 했다. 과연 한 시대를 풍미한 최고의 인기 주식에 투자하지 않고 버텨낸 펀드매니저가 있을까? 있다면 그들은 그 폭풍우와 같은 시기에 어떻게 투자했을까?

로웬스타인은 조사 결과 미국 주식시장의 주요 지수가 일제히 급락했던 1999년 말에서 2003년까지 만 4년 동안 10개의 가치형 펀드가 연평균 10.8%라는 놀라운 수익률을 올렸다는 사실을 발견했다. 이 10개 펀드 가운데 1990년대 말 최고의 인기 종목에 투자했던 펀드는 단 하나뿐이었다. 그나마도 당시 인기 있던 주식 하나를 아주 짧은 기간 동안만 갖고 있었을 뿐이다. 나머지 펀드들은 당시 대다수 사람들이 열광했던 주식을 단 하나도 갖고 있지 않았다.

2000년 8월, 경제잡지 《포춘》은 〈향후 10년간 존속할 10대 주식〉이란 제목의 기사를 실었다. 《포춘》은 이 10개의 주식을 소개하면서 "투자한 뒤 잊고 지내면 10년 후 언제든 퇴직할 수 있도록 해주는 포트폴리오"라고 설명했다. 《포춘》이 추천한 10대 주식은 브로드컴Broadcom, 찰스 슈왑Charles Schwab, 엔론Enron, 제넨텍Genentech, 모건 스탠리Morgan Stanley, 노키아Nokia, 노텔 네트웍스Nortel Networks, 오라클Oracle, 유니비전Univision, 바이어컴Viacom이었다. 그러나 로웬스타인이 계산한 결과 이들 10대 주식은 그 이후 2002년 말까지 평균 80%나 폭락했다. 2003년 이후 주가가 소폭 반등하긴 했지만 이들 10대 주식의 하락률은 50%로 축소되는 데 그쳤다. 이들 10대 주식에 투자한 뒤 잊고 지내다 퇴직할 생각이었다면 아마 텐트에 살면서 컵라면으로 연명할 각오를 해야 할 것이다.

1990년대 말에 인기를 끌었던 주식들은 내재가치의 원칙으로는 평가할 수 없는 주식들이었다. 10개 가치형 펀드의 매니저들은 내재가치의 원칙을 고수함으로써 펀드에 투자한 고객들에게 손해를 입히지 않았을 뿐만 아니라, 주식시장의 대표지수가 일제히 하락하는 시기에 오히려 고객들의 자산을 늘려주기까지 했다.

이 세상이 완벽하다면 모든 주식은 언제나 내재가치와 정확히 일치되는 가격으로 거래될 것이다. 그러나 이 세상은 완벽하지 않다. 이것은 매우 다행스러운 일이다. 이러한 불완전성 덕분에 투자의 기회가 생긴다. 투자자들은 주식에 대한 극도의 비관론에서부터 과도한 낙관론에 이르기까지 광범위한 감정변화에 휘둘린다. 이러한 감정변화로 인해 주가는 고평가와 저평가 사이에서 폭넓게 변동한다. 현명한 투자자는 주식시장에 언제 이러한 극단적인 감정변화가 일어나는지 파악해 이를 잘 이용한다.

워런 버핏은 시장의 감정변화와 이를 활용하는 방법을 두 명의 동업자 관계에 비유해 설명한 적이 있다. 두 사람이 한 회사를 공동으로 소유하고 있다. 경쟁업체는 이들의 회사를 내재가치 수준인 주당 10달러에 인수할 의사를 갖고 호시탐탐 기회를 엿보고 있다. 회사의 공동 소유자 중 한 명인 A는 매우 감정적인 사람이다. 그는 작은 변화에도 회사에 대한 전망이 크게 바뀐다. 어느 날 이 회사가 세계 최대의 할인점인 월마트로부터 대규모 주문을 받았다. A는 회사의 미래가 엄청나게 밝아졌다고 판단하고 동업자인 B에게 주식을 주당 15달러에 사고 싶다고 말했다. 그런데 다음 주에 월마트가 주문량을 줄이겠다고 통보해왔다. 마침 시어스 백화점도 주문량을 줄였다. A는 크게 좌절했다. 그는 회사의 전망이 암담해졌다고 생각했다. 그는 우울해하면서 B에게 자신의 주식을 주당 5달러에 팔겠다고 제안했다.

터무니없다고 생각하는가? 하지만 이러한 일은 주식시장에서 언제나 일어난다. 만약 B가 합리적인 사람이라면 A의 제안대로 주식을 팔았든 샀든 큰 이익을 취할 수 있었을 것이다. 이는 A의 변덕스러운 감정변화 덕분이다. B는 A의 감정에 영향을 미칠 수 없다. B는 그저 조용히 A가 호재 또는 악재에 과민 반응하기를 기다리기만 하면 된다. 이것이 바로 현명한 투자자들이 하는 행동이다. 현명한 투자자는 주식시장이 내재가치보다 싸게 주식을 내놓고 비싸게 사기를 조용히 기다리기만 하면 된다.

주가가 내재가치보다
쌀 때 사서 '+알파'를 얻는다

주식을 내재가치보다 싸게 사면 3가지 면에서 수익을 기대할 수 있다. 첫째는 주가가 내재가치 수준으로 올라가면서 얻는 차익이다. 둘째는 기업의 가치가 올라감에 따라 주가가 올라가 얻는 차익이다. 셋째는 배당금을 받아 얻는 수익이다. 주식을 내재가치와 비슷한 가격에 사면 기대할 수 있는 수익은 기업의 가치상승에 따른 주가차익과 기업이 주는 배당금으로 제한된다. 그렇다면 기업의 가치상승과 배당금으로 얻을 수 있는 수익은 어느 정도나 될까? 미국 주식시장의 대표지수인 S&P500 지수를 기준으로 생각해보자.

S&P500 지수를 500개 사업부를 거느린 거대한 기업이라고 생각해보자. 과거 S&P500 지수의 상승률은 연평균 6%였다. S&P500이란 기업은 이익이 매년 6%씩 늘면서 내재가치도 매년 6%씩 성장해온 셈이다. 통상적으로 이 6% 가운데 3%는 국가 경제 전체가 성장한 덕분이고 나머지 3%는 물가가 올랐기 때문이다. 다시 말해 S&P500이란 기업은 연평균 국내총생산 성장률 3%와 연평균 물가상승률 3%를 합해 매년 6%의 내재성장률을 기록하고 있는 것이다.

S&P500 기업은 매년 배당금도 지급한다. 과거 배당금을 조사해보면 S&P500 지수의 배당 수익률은 평균적으로 3~4%였다.

　내재성장률 6%와 배당 수익률 4%를 더하면 10%가 된다. S&P500이란 기업의 주식을 내재가치에 부합하는 가격으로 샀을 때 매년 내재가치 상승과 배당금 지급으로 10%의 수익률을 올릴 수 있다는 뜻이다. 이는 S&P500 지수에 투자하면 연평균 10%의 수익률을 기대할 수 있다는 의미이기도 하다. 만약 투자자들이 오랫동안 인내하며 S&P500 지수와 비슷하게 투자하는 인덱스 펀드에 투자했다면 연평균 10%의 수익률을 얻을 수 있었을 것이다. 그러나 인덱스 펀드에 투자해 연평균 10%의 수익을 얻는다는 것은 돈을 금리 10%짜리 예금에 넣어두는 것과는 다르다. S&P500 지수는 매년 정확히 10%의 수익을 안겨주는 것이 아니다. 때로는 수익률이 20%가 넘기도 하고 때로는 수익률이 마이너스를 기록해 손해를 입히기도 한다. 연평균 10%란 수익률이 좋았던 해와 나빴던 해를 모두 더해 평균을 낸 것일 뿐이다. 따라서 가장 높은 수익률을 낼 수 있는 방법은 S&P500 지수가 떨어졌을 때, 즉 적정 수준인 내재가치보다 낮아졌을 때 투자해서 적정 수준 이상으로 올랐을 때 파는 것이다. 가치투자란 바로 이런 것이다. 주가가 내재가치보다 낮을 때 사서 주가가 내재가치에 근접한 수준으로 올라가면 팔아 내재성장률과 배당 수익률 외에 '＋알파'를 추구하는 것이다.

3. 절대로 손해 보지 마라

투자의 안전거리를 지켜라

주식투자만으로 세계적인 거부가 된 워런 버핏은 자신의 투자원칙은 2가지라고 소개한다. 첫째는 절대 손해 보지 않는다. 둘째는 첫째 원칙을 잊지 않는다. 주가가 하락하면 손해 볼 수 있는 것이 주식투자다. 그런데 어떻게 절대 손해 보지 않는다는 원칙을 세울 수 있을까? 버핏의 말은 손해 보지 않을 생각으로 주식투자를 하라는 뜻이다. 이러한 생각을 가장 먼저 체계화한 사람은 가치투자의 아버지인 벤저민 그레이엄이다.

그레이엄은 신중한 투자자였다. 그는 자신이 계산한 기업의 가치가 실제와 다르거나 예상치 못한 일로 기업의 가치가 감소할 경우에도 손해 보지 않도록 안전장치를 원했다. 은행에서 돈을 빌려줄 때 담보물을 요구하는 것처럼 주식에 투자할 때도 일종의 담보물이 있어야 한다고 생각했다. 그는 주식투자의 담보물을 '안전마진'이라고 불렀다.

은행에선 빌려주는 돈의 액수보다 더 비싼 담보물을 원한다. 그래야 빌려준 돈을 떼이더라도 손해 보지 않는다. 그레이엄도 주식을 살 때 지불해야 하는 돈, 즉 주가보다 내재가치가 비싸야 한다고 생각했다. 그래야 자신이 계산한 내재가치가 좀 잘못됐더라도 혹은 예상치 못한 일로 기업의 내재가치가 감소하더라도 내재가치보다 주식을 싸게 샀기 때문에 손해를 피하거나 줄일 수 있다고 생각했다. 따라서 그레이엄은 주식을 내재가치보다 싸게 사면 안전마진이 확보된다고 생각했다.

그렇다면 어느 정도의 안전마진을 확보하는 것이 좋을까? 그레이엄은 주가가 내재가치의 3분의 2 이하여야 한다고 생각했다. 엄격히 말하면 내재가치가 아니라 순유동자산가치를 기준으로 주가가 3분의 2 이하여야 안전마진이 충분히 확보된다고 생각했다. 순유동자산이란 공장이나 설비를 제외하고 단기간에 팔아 현금화할 수 있는 유동자산에서 1년 이내에 갚아야 하는 유동부채를 뺀 자산을 말한다. 주가가 순유동자산의 3분의 2에 불과하다는 것은 부채를 갚은 뒤 남는 현금성 자산의 가치가 주가보다 33% 이상 높다는 뜻이다.

주식을 순유동자산의 3분의 2 이하의 가격에서 사면 2가지 지점에서 안전마진이 된다. 첫째, 주가가 50%는 올라야 겨우 순유동자산의 가치와 같아지기 때문에 주가의 고평가 위험이 적다. 둘째, 주식을 순유동자산보다 33% 이상 싼 가격에 샀기 때문에 주가가 떨어진다 해도 불안하지 않다. 부채를 갚고 나서 기업에 남는 유동자산의 가치만 해도 내가 지불한 가격보다 더 높기 때문이다. 최근에는 그레이엄이 주식투자하던 시절과 달리 주가가 순유동자산의 가치보다 낮은 기업을 찾기 어렵다. 따라서 순유동자산 대신 내재가치를 기준으로 안전마진을 생각해도 큰 무리는 없다고 생각한다.

주식을 내재가치보다 싸게 사는 것은 부채가 많은 기업을 피할 수 있게 해준다는 점에서도 안전마진이 된다. 기업의 내재가치는 부채를 모두 갚고 남은 기업의 본질적인 가치이다. 따라서 주가가 내재가치보다 낮다는 것은 부채를 갚고 남은 기업의 가치보다도 주가가 싸다는 의미다. 가치투자자들은 자산에 비해 부채가 많은 기업에는 투자하지 않는다. 부채가 많은 기업은 경기침체 같은 이유로 경영여건이 악화되면 위험하기 때문이다. 부채가 많은 기업은 불황으로 이익이 줄어들면 이자 갚기도 힘들어진다. 심한 경우 자금압박으로 파산할 수도 있다. 반면 여유자금이 있는 기업은 경기가 악화돼 일시적으로 적자가 발생하더라도 어느 정도 버틸 수 있는 여력이 있다.

부채가 많은 기업은 운명의 결정권을 돈을 빌려준 상대방에게 넘겼다는 점에서도 위험하다. 경기가 좋을 때는 돈을 빌리기가 쉽다. 그러나 경기가 나빠지면 돈을 더 빌려야 하는 상황에서 이미 빌린 돈까지 갚으라고 독촉당하게 된다. 부채가 많은 기업은 돈을 빌려준 상대방으로부터 언제든지 '이제 게임은 끝났으니 돈을 갚게나'라는 선고를 받을 수 있다.

그레이엄이 투자의 안전마진으로 제시한 또 다른 원칙은 분산 투자다. 분산 투자란 2가지로 생각할 수 있다. 첫째는 다양한 산업에 투자하는 것이고, 둘째는 투자하는 종목 수를 늘리는 것이다. 이렇게 여러 산업, 여러 종목에 분산 투자하는 이유는 예상치 못한 일로 특정 산업이 어려움을 겪을 수도 있고, 어떤 한 기업이 곤란을 당할 수도 있기 때문이다.

아무리 철저하게 대비한다 해도 뜻밖의 악재를 완벽하게 피해갈 수는 없다. 어떤 산업의 업황이 좋다고 해서 그 산업에만 집중 투자한다면 그 산업이 갑자기 불황에 직면하거나 뜻밖의 사건으로 곤경에 처할 때 투자손실을 입게 된다. 마찬가지로 아무리 싸고 좋은 기업이라도 그 기업 하나에만 투자하면 예상치 못한 일로 주가가 하락할 때 고스란히 손해를 입어야 한다. 그러나 여러 산업, 여러 종목에 분산 투자하면 설사 한 산업이나 한 종목이 예상치 못한 사건으로 급락한다 해도 주가가 오른 다른 주식들이 있기 때문에 전체적으로는 이익이 나거나 최소한 손실이 크게 줄어든다. 중요한 것은 분산 투자를 통해 이익의 합계가 손해의 합계보다 많도록 하는 것이다.

그렇다면 얼마나 많은 종목에 분산 투자해야 할까? 이는 투자 위험을 어느 정도 감당할 수 있는지에 따라 달라진다. 나는 개인적으로 최소한 10개 종목은 넘어야 한다고 생각한다. 어떤 투자자는 투자기준에만 맞으면 50개, 심지어 100개 종목에도 분산 투자한다. 나는 투자한 기업 중 하나가 혹시 파산하더라도 감당할 수 있을 정도로 분산 투자하는 것이 좋다고 생각한다.

안전마진은 주식투자의 손실위험을 크게 줄여준다는 장점도 있지만, 다른 사람들과 다르게 투자한다는 점에서도 큰 도움이 된다. 대중과 반대로 투자하는 것은 결코 쉽지 않다. 그러나 안전마진을 보고 투자하면 남들이 좋다고 달려들어 주가가 올라갈 때 팔게 되고 남들이 두려워하며 주식을 팔아치워 주가가 하락할 때 사게 된다.

가치투자는 단순하다. 기업의 진정한 가치를 따져보라(내재가치), 손해 보지 마라(안전마진), 이 2가지 원칙만 지키면 된다. 주가가 내재가치보다 싸면 투자를 두렵게 만드는 주변의 소문은 모두 무시하고 사라. 반대로 주가가 내재가치보다 높아져 안전마진이 사라지면 주위에서 아무리 좋다고 떠들어도 팔라. 성공한 투자자들은 모두 대중을 따라가지 않고 과감하게 반대 방향으로 갔다.

4. 주가가 이익에 비해 싼 주식을 사라

저PER가 고수익을 낳는다

벤저민 그레이엄은 이익이 주가를 움직이는 주요 요인이라고 생각했다. 이익이란 기업이 벌어들인 돈에서 상품을 만들어 파는 데 필요한 비용을 모두 제하고 남은 돈을 말한다. 이익이 많으면 주가도 높아지고 이익이 적으면 주가도 낮아진다. 이 생각이 옳다면 이익에 비해 싼 주식일수록 미래의 수익률은 좋을 것이다. 실제로 이익에 비해 싼 주식을 사는 것이 성공적인 투자방법이라는 사실은 실제 수익률로, 또 학문 연구로 증명되어왔다. 주가가 이익에 비해 싼지, 비싼지 판단하기 위해서는 주가수익비율PER, Price-to-earnings Ratio을 알아보는 것이 좋다. PER는 P/E 비율로 표기하기도 한다.

PER란 주가가 이익의 몇 배인지 보여주는 비율이다. PER는 주가를 주당 순이익EPS으로 나눠서 구한다. EPS는 기업의 전체 이익을 전체 발행주식 수로 나눈 것으로 주식 하나당 이익을 의미한다.

예를 들어 ABC 아이스크림이 100만 주의 주식을 발행했고 지난해 100만 달러의 이익을 냈다고 가정해보자. 그러면 ABC 아이스크림의 EPS는 100만 달러를 100만 주로 나눈 1달러다. 주식 1주당 1달러의 이익을 창출한다는 얘기다. 이 회사의 주가가 10달러라면 PER는 10달러를 EPS 1달러로 나눈 10, 즉 10배가 된다. 주가가 20달러라면 PER는 20달러를 1달러로 나눈 20배가 된다.

PER는 언제 이익을 기준으로 하느냐에 따라 과거 PER^trailing P/E와 미래 PER^forward P/E로 나눌 수 있다. 과거 PER는 가장 최근 회계연도, 또는 가장 최근 4분기간 이익을 기준으로 계산한다. 미래 PER는 다음 회계연도, 또는 지금부터 향후 4분기간 이익을 예상해 계산한다. 대부분의 주식은 미래에 예상되는 이익에 근거해 주가가 결정된다. 과거 실적이 아무리 나빴더라도 앞으로 좋아진다는 기대가 있으면 주가는 올라간다. 이 때문에 워런 버핏은 과거의 이익을 근거로 투자결정을 내리는 것은 자동차의 백미러를 보는 것과 같다고 했다.

문제는 기업의 미래 이익을 예상하기가 어렵다는 점이다. 주식의 가치를 분석하는 증권사 애널리스트들은 기업의 향후 1년간 이익을 추정해 이를 근거로 미래 PER를 계산한다. 그러나 애널리스트들이 예상하는 이익은 맞을 때도 있지만 틀릴 때도 많다. 솔직히 말하면 매우 부정확하다. 대부분의 투자자들이 외면하는 주식에 주목했던 역발상 투자의 대가 데이비드 드레먼^David Dreman은 1973년부터 1993년까지 총 7만 8,695분기에 걸쳐 애널리스트들이 예상했던 기업의 분기 이익을 조사한 적이 있다. 그 결과 애널리스트들의 예상 이익이 기업의 실제 이익과 오차범위 −5~+5% 이내에서 일치한 경우는 170번 중 1번꼴에 불과했다. 드레먼의 조사 결과가 입증하듯 기업의 실제 이익은 애널리스트들의 예상 범위를 자주 벗어난다. 기업은 때로 예상 밖의 좋은 실적으로 투자자들을 깜짝 놀라게 하기도 하지만 때로는 예상 밖의 나쁜 실적으로 투자자들을 충격에 빠뜨리기도 한다. 기업의 미래 이익을 정확히 예측할 수만 있다면 주식투자로 부자가 되는 것은 누워서 떡 먹기처럼 쉬울 것이다. 하지만 아무도 기업의 미래 이익을 정확히 예측할 수 없다. 이 때문에 그레이엄은 기업의 미래 이익이 얼마일지 예측하는 데 헛된 수고를 쏟지 않았다. 대신 주주들에게 보고된 재무제표에 나와 있는 정확한 과거 이익에 근거해 싼 주식을 찾았다. 다만 과거 오랫동안 이익이 큰 변동 없이 안정적이었는지 살펴봤다. 과거 이익이 꾸준했다면 앞으로도 그러한 안정적인 흐름이 이어질 것이라고 어느 정도 예측이 가능하기 때문이다.

기업이 재무제표를 통해 발표하는 순이익은 주가가 싼지 비싼지 판단하기 위한 기본 사항일 뿐이다. 좀 더 정확한 판단을 내리기 위해서는 이익을 분석해볼 필요가 있다. 기업이 발표하는 이익에는 투자자들이 오해할 만한 함정들이 적지 않기 때문이다. 그해에만 특별히 발생한 이익이나 비용이 있으면 그 기업이 꾸준히 벌어들일 수 있는 이익의 규모가 어느 정도인지 파악하기 어려울 수도 있다. 토지를 팔아서 이번 해만 이익이 늘어났을 수도 있고 명예퇴직을 실시하여 이번 해만 퇴직금 지급 때문에 비용이 늘어났을 수도 있다. 이 때문에 어떤 사람들은 기업이 벌어들인 모든 돈에서 모든 비용을 제하고 남은 순이익보다 순수하게 사업을 통해 벌어들이는 영업이익을 더 중시하기도 한다. 영업이익에는 사업과 관계없이 일시적으로 발생한 이익과 비용은 포함되지 않는다.

투자할 때는 자유현금흐름FCF, Free Cash Flow도 중요하다. 자유현금흐름이란 영업활동을 통해 벌어들인 현금에서 설비투자에 들어간 현금을 뺀 것으로, 기업이 사업을 계속 유지하면서 매년 벌어들일 수 있는 현금이 얼마인지 보여준다. 기업을 인수하려는 사람은 자유현금흐름과 함께 이자비용과 세금을 제외하기 이전 이익도 꼼꼼히 살펴본다. 이자비용과 세금을 제외하기 이전 이익은 기업의 수익창출 능력을 가늠할 수 있는 가장 좋은 기준이다. 이자비용은 기업의 부채가 어느 정도 규모인지 나타낼 뿐이다. 부채는 기업을 인수한 뒤에 그대로 유지할 수도 있고 갚아버릴 수도 있다. 이 때문에 기업을 인수하려는 사람은 기업의 이자부담보다 그 기업이 사업을 통해 벌어들이고 있는 현금의 규모에 더 관심을 둔다.

전문가들은 이자비용과 세금을 제외하기 이전 이익을 EBITDA라고 부른다. EBITDA는 Earnings Before Interest, Taxes, Depreciation, and Amortization의 약어로 말 그대로 이자와 세금은 물론 실제로 현금이 지출되지 않는 비용인 감가상각비까지 제하기 전의 이익이다. EBITDA를 보면 기업이 이자를 지불하거나 사업 재투자에 쓸 수 있는 현금을 얼마나 벌고 있는지 알 수 있다. 특히 EBITDA는 돈을 빌려 기업을 인수하려 할 때 그 기업이 이자로 지불할 수 있는 현금을 얼마나 벌고 있는지 보여준다는 점에서 유용하다. EBITDA에 따라 기업의 인수자금으로 쓸 돈을 얼마나 빌릴 수 있는지가 달라진다.

이익에 비해 주가가 낮은 주식, 즉 PER가 낮은 주식을 사면 주식시장이 오를 때나 떨어질 때나 상관없이 좋은 수익률을 거둘 수 있다. 주식시장이 전반적으로 하락하는 약세장에서는 수익을 얻기 위해 조금 더 오래 기다리기만 하면 된다. PER가 낮은 주식(저PER주)과 PER가 높은 주식(고PER주)의 수익률을 비교하는 연구는 1957년부터 최근까지 꾸준하게 이뤄지고 있다. 수익률을 비교한 기간도 5년에서부터 길게는 20년에 이르기까지 다양하다. 이렇듯 연구는 수없이 많이 이뤄졌지만 결과는 한결같다. 저PER주가 고PER주보다 수익률이 높았다는 것이다. 어떤 산업에서든, 어떤 나라에서든 결과는 같았다.

PER가 낮다는 것은 그 기업의 미래 이익에 대해 투자자들이 별로 기대하지 않고 있다는 뜻이다. 이는 그 기업의 경영상황이 악화됐기 때문일 수도 있고, 투자자들이 그 기업에 관심이 없기 때문일 수도 있다. 반대로 PER가 높다는 것은 그 기업의 미래 이익에 대해 투자자들의 기대가 높다는 뜻이다. 주가가 이익에 비해 상대적으로 높은데도 불구하고 투자자들이 그 주식을 계속 사고 있다는 뜻이다. 이는 투자자들이 그 기업의 미래 이익을 낙관하면서 현재 주가가 이익에 비해 좀 비싼 것에는 크게 신경 쓰지 않는다는 의미다.

투자의 세계에는 우리의 인생살이와 마찬가지로 예상치 못한 일들이 자주 일어난다. 투자할 때 이러한 놀라움이 주가에 미치는 영향을 이해하는 것이 중요하다. 여러 연구에 따르면 PER가 낮은 주식, 즉 투자자들의 기대수준이 낮은 주식은 실망스러운 소식을 발표해도 주가가 별다른 영향을 받지 않는다. 시장은 원래 그 기업에 대해 별로 기대하는 것이 없었으므로 주가가 크게 떨어질 이유도 없다. 그러나 기대하지 않았던 이 기업이 예상외의 좋은 소식을 발표하면 시장은 깜짝 놀라며 주가가 뛰어오른다. 좋은 소식은 아예 기대하지도 않고 있어 주가에 반영되어 있지 않았기 때문이다.

PER가 높은 주식, 즉 투자자들의 기대가 높은 주식은 이와 반대로 움직인다. PER가 높은 주식은 좋은 실적을 발표한다고 해서 주가가 반드시 오르는 것은 아니다. 이미 좋은 소식에 대한 기대감이 주가에 반영돼 있기 때문이다. 반면에 PER가 높은 주식에 대해 나쁜 소식이 나오면 시장이 충격을 받으며 주가가 휘청거린다. 투자자들이 나쁜 소식은 예상하지 못하고 좋은 소식만 기대하고 있었기 때문이다.

1990년대 말 인터넷주 버블이 대표적이다. 당시 투자자들은 인터넷 기업들이 요술램프처럼 큰돈을 벌어다줄 것이라고 기대했다. 그러나 상당수의 인터넷 기업들이 돈을 쓰기만 했지 벌지는 못했다. 그러자 투자자들이 실망하며 인터넷주를 팔아치우기 시작했고 주가는 곤두박질쳤다. 나는 2000년, 2001년, 2002년에 90% 이상 폭락한 주식들의 명단을 갖고 있다. 이 명단은 아주 길다.

뱅가드 윈저 펀드Vanguard Windsor Fund의 전설적인 펀드매니저 존 네프John Neff는 나에게 이렇게 말한 적이 있다. "시장의 모든 추세는 끝날 때까지 영원히 계속된다." '끝날 때까지 영원히 계속된다'는 말은 역설적으로 모든 추세에는 끝이 있다는 뜻이다. 모든 것은 변하고, 영원히 계속될 것만 같은 오름세 역시 끝나게 마련이다. 시장의 추세나 남들의 기대감을 쫓아가지 말고 저PER주에 투자하라. PER가 낮다는 것은 기업의 이익을 싸게 살 수 있다는 뜻이다. 기업의 이익을 싸게 사는 것이야말로 부를 키울 수 있는 가장 신뢰할 수 있는 방법이다.

안전한 채권투자에도 함정이 있다?

PER를 뒤집으면 이익률Earnings Yield이 된다. 이익률은 PER의 역수다. 이익률은 PER를 구하는 것과 반대로 주당 순이익EPS을 주가로 나누거나 1을 PER로 나눠 구한다. 예를 들어 PER가 20배라면 이익률은 20분의 1, 즉 5%다. PER가 40배라면 이익률은 40분의 1, 즉 2.5%다. PER가 높을수록 이익률은 낮아진다. 이익률은 이익을 모두 주주들에게 배당금으로 지급할 경우 주주들이 얻을 수 있는 수익률을 의미한다. 이 때문에 이익률은 다른 투자대상의 수익률과 비교할 때 유용하게 활용할 수 있다.

예를 들어 PER가 10배로 이익률이 10%인 주식은 이익률이 5%인 10년 만기 미국 국채보다 수익률이 2배 더 높다고 할 수 있다. 물론 이는 기업의 이익 전체를 배당금으로 주는 경우에 그렇다는 얘기다. 실제로는 이익 전부를 주주들에게 배당금으로 주는 기업은 없다. 대부분의 기업은 이익의 일부만 주주들에게 배당금으로 주고 나머지는 미래의 성장을 위해 사업에 재투자한다. 그러나 기업이 이익 전부를 배당금으로 주는 것은 아니라 해도 주식은 국채에 비해 물가 상승에 강하다는 장점이 있다.

1,000달러를 10년 만기 국채에 투자한다면 수익률이 5%이므로

매년 50달러씩 이자를 받다가 10년 뒤 만기가 돌아오면 투자원금 1,000달러를 돌려받게 된다. 국채는 10년 뒤에 원금을 그대로 돌려받을 수 있다는 점에서 안전하다. 문제는 여기에 함정이 있을 수 있다는 것이다. 바로 물가 상승률이다. 교통비, 전기료, 농수산물 가격, 부동산 가격 등 생활하는 데 드는 전반적인 비용은 매년 조금씩 오른다. 미국은 매년 평균 3%씩 물가가 상승해왔다. 물가가 오르면 같은 돈으로 살 수 있는 물건의 가치는 떨어진다. 앞으로 10년간 물가가 연평균 3%씩 오른다면 10년 뒤 국채 만기 때 돌려받는 1,000달러는 명목상으로는 1,000달러지만 가치로는 737달러에 불과하다. 10년간 물가가 오르기 때문에 지금 737달러로 살 수 있는 것을 10년 뒤에는 1,000달러를 줘야 살 수 있다는 얘기다. 물가 상승률이 3%로 비교적 낮게 유지된다 해도 국채에 투자하는 돈 1,000달러의 실질적인 가치는 10년간 총 26.3%가 떨어지는 것이다.

반면 주식에 투자하면 물가 상승을 극복할 수 있다. 기업들은 판매하는 상품이나 서비스의 가격을 올려 물가 상승에 따른 비용을 소비자에게 전가할 수 있기 때문이다. ABC 아이스크림의 주식을 EPS가 1달러이고 주가가 10달러일 때, 즉 PER가 10일 때 샀다고 가정해보자. ABC 아이스크림이 매년 3%씩 물가 상승률에 맞춰 아이스크림 가격을 올린다면 아이스크림의 판매량이 전혀 늘지 않아도 이익은 매년 3%씩 늘어나게 된다. 이렇게 하면 10년 뒤에는 EPS가 1.34달러가 된다. PER가 10배로 유지된다면 10년 뒤 ABC 아이스크림의 주가는 13.40달러로 올라 있을 것이다.

기업의 이익은 물가 상승률만큼 늘어나고 동시에 일반적으로 국가의 경제가 성장하는 만큼도 늘어난다. 과거 오랫동안 미국의 연평균 경제성장률은 3%였다. 연평균 물가 상승률 3%에 경제성장률 3%를 더하면 ABC 아이스크림의 이익은 매년 평균 6%씩 늘어난다는 계산이 나온다. 지금 1달러인 ABC 아이스크림의 EPS가 매년 6%씩 늘어 10년 뒤에는 1.79달러가 된다는 얘기다. 따라서 지금 1,000달러를 투자해 EPS가 1달러이고 PER는 10배인 ABC 아이스크림의 주식을 산다면 PER가 10년 동안 10배를 유지하기만 해도 투자한 돈 1,000달러는 1,739달러로 늘어나게 된다. 물가 상승률은 물론 경제성장률에 따라서도 이익이 늘어나기 때문에 시간이 흘러도 지금의 1,000달러 가치가 그대로 유지되는 것은 물론이고 오히려 가치가 더 늘어나게 된다.

이는 구매력 유지 측면에서 자산 건전성에 매우 중요하다. 물가가 오르면 같은 돈으로 살 수 있는 물건의 가치가 떨어진다. 앞으로 10년간 매년 3%씩 물가가 오를 경우 지금의 1,000달러와 똑같은 구매력을 유지하기 위해서는 10년 뒤에 1,344달러가 있어야 한다. 국채는 물가 상승에 따라 화폐가치가 떨어지는 것을 보전해주지 못한다. 반면 주식은 기업의 가치가 물가와 함께 올라갈 수 있기 때문에 물가 상승에 따른 화폐가치의 하락을 막아줄 수 있다.

5. 기업이 가진 자산보다 더 싼 주식을 사라

위험 없는 최고의 투자 기회를 잡는 방법이다

이익에 비해 싸게 팔리는 주식도 있지만 기업이 가진 자산가치보다 더 낮은 가격에 팔리는 주식도 있다. 자산가치란 현금이나 받아야 할 돈, 재고, 건물, 공장, 기계 등 기업이 가진 모든 자산에서 갚아야 할 빚을 제하고 남은 순수한 자산의 가치를 말한다. 자산가치는 정확하게 순자산가치라고 하는데 일반적으로 장부가치와 같은 의미로 사용된다. 주가가 기업의 장부가치, 즉 순자산가치보다 낮다는 것은 주식시장에서 이 기업의 주식을 모두 사들인 뒤에 이 기업이 가진 재산을 다 처분해버리면 주식을 사는 데 든 비용을 빼고도 돈이 남는다는 뜻이다. 이런 주식은 주주들끼리 합의해 기업을 청산할 경우 주식을 사는 데 든 비용보다 더 많은 이익을 배분받을 수 있기 때문에 손실 위험이 없는 주식이라고 할 수 있다.

주가가 기업의 순자산가치보다 낮아야 한다는 것은 가치투자의 아버지 벤저민 그레이엄이 기본으로 삼았던 투자기준 중 하나였다. 앞서 안전마진의 원칙을 소개할 때도 설명했지만 그레이엄은 주가가 순유동자산가치의 3분의 2 이하인 주식에 투자했다. 순유동자산가치는 순자산가치보다 더 보수적인 기준이다. 순자산가치에는 공장이나 건물, 토지 등 쉽게 현금화하기 어려운 고정자산의 가치도 포함되지만 순유동자산가치에는 기업에 유보된 현금, 받아야 할 돈 등 현금성 자산과 재고자산의 가치만 포함되기 때문이다. 주가가 순유동자산가치보다 낮으면 공장이나 건물 등 고정자산을 제외한 유동자산만 해도 주식을 사는 데 든 비용보다 더 많다는 의미다. 이런 주식은 안전한 자산이나 마찬가지다. 그러나 최근에는 순유동자산가치보다 더 싼 주식은 거의 없기 때문에 기준을 순자산가치로 완화해서 생각하자.

주가가 순자산가치의 3분의 2 이하인 주식에 투자한다는 것은 예를 들어 1,000달러의 순자산을 가진 기업을 660달러 이하로 산다는 의미다. 말도 안 되는 소리처럼 들릴 수도 있을 것이다. 그러나 주식시장에서는 이러한 일이 심심치 않게 벌어진다. 기업의 이익 악화에 투자자들이 너무 민감하게 반응해 주식을 무작정 내다 팔았기 때문일 수도 있고, 이 주식에 투자자들이 워낙 관심이 없어 아무도 사려 하지 않기 때문일 수도 있다. 중요한 것은 주가가 순자산가치보다 낮은 주식은 매우 수익성 높은 투자대상이 될 수 있다는 점이다.

주가가 순자산가치에 비해 낮은지 또는 높은지는 주가와 주당 순자산가치를 비교해보면 쉽게 알 수 있다. 주당 순자산가치BPS, Book-value Per Share란 순자산을 기업이 발행한 총 주식 수로 나눈 것으로 1주가 가진 자산의 가치를 의미한다. 그레이엄처럼 나도 주가가 주당 순자산가치보다 낮아야 한다는 투자기준을 이용해 싸고 좋은 주식을 수없이 많이 발굴해낼 수 있었다.

순자산가치보다 낮게 팔리는 주식은 원래 '트위디, 브라운'의 전문 분야였다. '트위디, 브라운'의 창업자인 빌 트위디는 순자산가치보다 대폭 할인된 가격에 거래되고 있는 주식을 찾아내어 이 주식을 팔고 싶어 하는 사람과 사고 싶어 하는 사람을 연결시켜주는 일을 했다. 트위디가 매매를 중개하는 주식은 그레이엄이 사기를 원하는 바로 그 주식이었다. 이 때문에 그레이엄은 트위디의 주요 고객이 되었다. '트위디, 브라운'은 주식매매를 중개하는 일만 하다가 1958년에 톰 냅이 파트너로 참여하면서 자산운용업을 시작했다. 톰 냅은 '트위디, 브라운'이 찾아낸 저평가된 주식을 다른 사람들에게 사라고 중개하는 것보다 고객들로부터 자금을 받아 직접 사는 것이 훨씬 더 합리적이라고 생각했다.

내가 '트위디, 브라운'에 입사해 처음 한 일은 신용평가회사인 S&P와 무디스Moody's에서 발간하는 기업편람에서 주가가 순자산가치보다 낮은 기업을 찾아내는 일이었다. 순자산가치보다 싼 주식은 최고의 수익을 얻을 수 있는 투자기회를 제공해준다. 예를 들어 1994년에 내셔널 웨스턴 생명보험은 주가가 순자산가치의 절반도 안 됐다. 이후 내셔널 웨스턴 생명보험의 주가는 600%나 급등했다.

1990년대 초에 증권회사인 제프리즈&컴퍼니Jeffries and Company의 주가는 순자산가치보다 낮았다. 현재 제프리즈의 주가는 그동안 상당히 늘어난 순자산가치보다 더 비싼 수준으로 올라왔다.

이제는 많은 사람들이 순자산가치에 비해 싼 주식이 위험 없이 '거저먹을 수 있는' 투자대상이란 사실을 알게 됐다. 이 때문에 이 투자기준은 더 이상 유효하지 않다고 주장하는 사람들도 있다. 그러나 순자산가치는 여전히 중요한 투자기준이다. 내가 현재 보유하고 있는 주식의 3분의 1 가량이 주가가 순자산가치에 비해 싸기 때문에 산 주식이다.

나는 1980년대 초에 순자산가치에 비해 싸게 팔리는 주식의 수익률을 조사해본 적이 있다. 나는 기관투자가들에게 기업 재무 정보를 제공해주는 S&P의 컴퓨스탯Compustat에 1970~1981년 자료가 보존돼 있는 7,000개 기업을 분석했다. 이 가운데 시가총액이 100만 달러가 넘고 주가순자산비율PBR, Price on Book-value Ratio이 1.4가 넘지 않는 기업들을 추려냈다. 주가순자산비율이란 주가를 주당 순자산가치BPS로 나눈 것으로 순자산가치 대비 주가의 비율을 나타낸다. PBR은 P/B 비율이라고도 한다. 주가가 순자산가치의 1.4배 미만인 기업들을 PBR에 따라 몇 개 그룹으로 나눠 조사한 결과 첫 6개월 간은 수익률이 시장 평균보다 떨어지는 경우가 많았다. 그러나 1년, 2년, 3년간의 기간을 놓고 봤을 때는 어느 그룹에 속했든 PBR이 1.4 미만이면 시장 평균보다 수익률이 좋았다. 특히 PBR이 0.3배 미만으로 주가가 순자산가치 대비 가장 저평가된 그룹의 수익률이 두드러지게 좋았다. PBR이 0.3배 미만인 그룹의 주식은 주식시장 전반적으로 시가총액(주가×총발행주식 수)이 100만 달러에서 260만 달러로 늘어나는 동안 시가총액이 100만 달러에서 2,300만 달러로 급증했다.

이익에 비해 싼 주식처럼 순자산가치에 비해 싼 주식 역시 투자자들에게 높은 수익을 선사해준다. 이는 다양한 연구를 통해 광범위하게 증명되어온 사실이다. 1967년부터 현재까지 기간을 두고 다양하게 연구한 결과 순자산가치보다 싼 주식들은 성장주에 비해 수익률이 연간 6.3%포인트에서 14.3%포인트까지 더 높았던 적도 있었다. 이는 미국뿐만 아니라 다른 나라의 주식시장에서도 마찬가지다. 투자은행인 모건 스탠리의 유명 투자전략가였다가 현재는 헤지펀드 매니저로 활동하고 있는 바턴 빅스Barton Biggs부터 노벨 경제학상 수상자들까지 성장주에 비해 가치주의 수익률이 상당히 큰 폭으로 앞선다는 사실을 증명해왔다.

글로벌 시장으로 눈을 돌리면 순자산가치보다 싼 주식들을 더 많이 찾을 수 있다. 미국에서 대부분의 주식들이 순자산가치보다 높은 가격에 팔리고 있을 때 한국에는 대한제분과 같은 숨겨진 보석이 있었다. 대한제분은 2005년 초에 주가가 순자산가치의 3분의 1 수준에 불과했다. 이후 이 회사의 주가는 2배로 뛰었다. 스포츠 용품, 금속판, 유리, 부동산 등 다양한 사업을 펼치고 있는 스위스의 대기업 집단 콘제타 홀딩Conzetta Holding은 2003년에 주가가 순자산가치의 절반 수준이었다. 게다가 콘제타가 보유하고 있는 부동산의 가치가 회계장부에는 상당히 저평가되어 기재된 것 같았다. 콘제타는 현금도 많이 갖고 있었다. 콘제타는 주가가 쌀 뿐만 아니라 현금이 많다는 점에서 탄탄한 안전마진을 확보하고 있었다. 그 결과 지난 2년간 콘제타의 주가는 2배 이상 뛰어 올랐다. 독일의 자동차회사인 폭스바겐도 2003년에 주가가 순자산가치의 절반 수준이었다. 이후 2년간 미국 자동차 산업이 경영 악화로 고전하고 있던 중에도 폭스바겐의 주가는 2배로 치솟았다. 시야를 전 세계로 넓히면 순자산가치에 비해 싼 주식을 발견할 수 있는 기회가 크게 확대된다.

나는 심지어 시가총액이 순당좌자산가치보다 낮은 기업도 본 적이 있다. 순당좌자산이란 고정자산은 물론 재고자산까지 제외한 순수한 현금성 자산인 당좌자산에서 1년 이내에 갚아야 할 부채를 빼고 남은 자산을 말한다. 시가총액이 순당좌자산보다 낮다는 것은 기업이 재빨리 현금화할 수 있는 자산에서 단기간에 갚아야 할 부채를 뺀 순수한 현금성 자산이 이 기업의 주식을 다 사들이는 데 드는 비용보다 낮다는 뜻이다. 이런 주식은 사기만 하면 기업이 갖고 있는 현금성 자산만으로도 이익을 보게 된다.

순당좌자산은 그레이엄이 정말 좋아했던 투자기준이다. 그러나 현재 미국에는 주가가 순당좌자산가치보다 낮은 기업은 찾아보기 힘들다. 주식에 투자하는 사람들이 많아지고 현명해질수록 이는 당연한 일이다. 사기만 하면 이익이 되는 위험 없는 투자기회를 누가 가만히 내버려두겠는가? 하지만 1990년대만 해도 일본에는 방송사, 건설회사, 섬유회사 등 주가가 순당좌자산가치보다 낮은 기업이 적지 않았다. 예를 들어 당시 일본에는 타파웨어 파티를 통해 여성용 속옷을 판매하는 회사가 있었다. 타파웨어 파티는 주부들이 어느 한 집에 모여 미국의 유명한 주방용품인 타파웨어를 직접 사용하면서 의견을 나누고 제품도 구매하는 파티를 말한다. 타파웨어 파티를 유통망으로 활용하고 있는 이 회사는 순당좌자산이 시가총액보다 더 높았다.

나는 이러한 엄청난 염가판매가 언젠가 미국 주식시장에도 다시 일어날 것이라고 생각한다. 주식시장에는 잊을 만하면 거품과 뒤이은 붕괴가 나타나기 때문이다. 그러한 좋은 기회가 주식시장에 다시 나타날 때까지 그냥 손 놓고 기다릴 것이 아니라 전 세계 주식시장을 두루 살펴보며 순자산가치보다 더 싼 주식을 적극적으로 발굴해보라. 기다릴 것도 없이 지금 당장 매력적인 투자기회를 발견할 수 있을 것이다. 투자기간이나 투자하는 국가는 그리 중요하지 않다. 순자산가치에 비해 싸게 팔리는 주식은 언제나 높은 수익을 선사한다.

2장

황금 같은
가치주를 찾아라

6. 우당탕 떨어지는 주식

주가 하락은 양날의 칼이다. 나쁜 점이 있으면 좋은 점도 있다

어두운 밤, 갑자기 이상한 소리가 들리면 아이들은 무언가 무서운 것을 떠올린다. 아이들은 혹시나 귀신이나 괴물이 아닐까 두려워하며 엄마, 아빠가 있는 방으로 뛰어 들어간다. 귀신은 상상 속의 존재일 뿐이지만 아이들은 실재하는 것처럼 무서움을 느낀다. 아이들이 느끼는 공포는 전혀 논리적이지 않다. 특히 어느 정도 자란 아이가 낯선 소리에 놀라 엄마, 아빠 방으로 뛰어든다면 지나치게 겁이 많은 것이다.

하지만 놀랍게도 주식시장에서 '우당탕'거리는 소리가 들릴 때 대다수 투자자들은 낯선 소리에 놀라는 어린아이처럼 행동한다. 일반투자자뿐만 아니라 애널리스트와 펀드매니저 같은 이른바 주식 전문가라는 사람들도 주식시장에서 나는 '쿵쾅'거리는 소리에 깜짝 놀라며 과민반응을 보인다. 주식시장은 때로 '우당탕'거리든, '쿵쾅'

거리든 요란한 소리를 내며 떨어진다. 정치적인 이유 때문일 수도 있고 경제적 문제 때문일 수도 있다. 개별 주식도 마찬가지다. 예상보다 좋지 못한 실적이나 전혀 생각지도 못했던 악재로 급락할 수 있다.

주가 하락은 주식을 싸게 살 수 있는 일종의 세일 행사다. 할인 행사 때 무엇을 살지 미리 계획해야 짜임새 있게 소비할 수 있는 것처럼, 주가가 하락할 때도 차분한 마음으로 싸고 좋은 주식을 골라내기 위해 분석하고 준비해야 한다. 그러나 주가가 하락하면 대부분의 투자자들은 주식투자를 두려워한다. 남들이 주식을 팔아치우는 데는 뭔가 이유가 있을 거라 생각하며 덩달아 주식을 팔아 손실 위험이 없는 '안전한' 현금으로 달아나려 한다. 이것은 정말 조리에 맞지 않는 행동이다. 사람들은 주가가 하락하면 위험하다고 생각하지만 위험한 것은 주가 하락이 아니다. 위험한 것은 주식을 살 때 지불한 가격이다. 기업의 내재가치보다 훨씬 더 비싼 가격에 주식을 샀다면 그것이 위험한 것이다. 내재가치보다 싼 가격에 주식을 샀다면 주가가 떨어진들 위험할 것이 없다.

나는 투자자들이 두려움에 쫓겨 급하게 주식을 팔아치우는 모습을 여러 차례 목격했다. 유가급등, 살인적인 물가 상승, 경기침체 등으로 야기된 1972~74년 주식시장 급락, 다우존스지수가 하루에 22.6%나 폭락했던 1987년 10월 19일의 블랙 먼데이, 1989년 10월의 작은 블랙 먼데이와 뒤이은 정크본드 시장 붕괴, 1998년 아시아 외환위기와 이로 인한 주가 하락, 2001년과 2002년의 기술주 거품 붕괴 등이 그렇다. 이렇듯 주식시장이 큰 충격 속에 추락할 때 대다수 투자자들은 TV나 신문에 보도된 부정적인 소식들에 위축돼 주식을 팔아치웠다. 그러나 이때야말로 좋은 주식을 싸게 살 수 있는 절호의 기회였다. 남들이 주식을 급하게 처분할 때 당신은 염가 판매 중인 주식을 꼼꼼히 살피며 주식 쇼핑에 나서야 한다. 재정 상태가 탄탄하고 이익이 꾸준히 나는 기업은 주가가 떨어져도 대부분 이전 수준으로 회복된다는 사실을 이해하는 것이 중요하다. 내 경험상으로도 기초체력이라 할 수 있는 펀더멘털이 견실한 기업은 주가가 급락해도 언제나 회복됐다.

주식시장이 요란한 소리를 내며 떨어질 때 주식을 사면 훗날 뛰어난 수익률을 얻을 수 있다는 사실은 광범위한 연구와 조사로도 증명됐다. 1932년부터 거의 최근에 이르기까지 오랜 기간 동안 이뤄진 연구와 조사에 따르면 좋은 주식은 예상치 못했던 악재로 큰 폭으로 떨어져도 어느 정도 시간이 흐르면 이전 수준으로 회복됐다. 또 미국은 물론 캐나다와 유럽, 일본 등 거의 모든 나라의 시장에서 수익률이 매우 좋았던 주식은 이후 수익률이 낮아졌고 수익률이 저조했던 주식은 이후 수익률이 높아졌다. 오늘 최악의 주식이 내일 최고의 주식이 되고, 오늘 사랑스러운 애인 같았던 주식이 내일은 쪼글쪼글한 할머니 같은 주식으로 변한다.

뉴욕 주식시장에는 '떨어지는 칼을 잡지 말라'라는 격언이 있다. 떨어지는 칼을 잡으면 손을 다치듯 떨어지는 주식을 함부로 사면 손해를 볼 수 있다는 뜻이다. 그러나 주식시장이 1년에 60%나 폭락하고 파산하는 기업이 급증할 때야말로 가치투자의 기회가 가장 풍성할 때다. 이때야말로 좋은 주식을 싸게 살 수 있는 최고의 주식 세일 기간이다. 다만 떨어지는 주식을 살 때 기억해야 할 1가지는 언제나 안전마진을 유지해야 한다는 점이다. 안전마진의 원칙을 지키면 주식투자에 실패할 확률은 크게 줄어든다. 기업 가치에 비해 주가가 높은 주식이야말로 떨어지는 칼이다. 고평가된 주식은 가격이 떨어진다 해도 잡으려 하지 말라.

1973~75년에 인플레이션과 경기침체로 미국 주식들이 평균 60%씩 하락했을 때 그 직전까지 투자자들의 사랑을 독차지했던 '니프티 피프티'는 훨씬 더 큰 폭으로 미끄러졌고, 이 때문에 니프티 피프티에 투자한 투자자들은 큰 피해를 입었다. 그러나 워런 버핏과 같은 가치투자자들은 주가 급락으로 싼 주식들이 많아졌다며 좋아했다. 버핏은 경제주간지 《포브스》의 1974년 11월 1일 자 인터뷰에서 큰 폭의 주가 하락을 겪은 주식시장을 바라보는 심정이 마치 "하렘에서 과도하게 섹스를 즐긴 남자"와 같다고 토로했다. 그리고 지금이야말로 주식투자로 부자가 될 수 있는 기회라고 강조했다. 그러나 당시 대부분의 평범한 투자자들, 그리고 많은 전문투자가들은 주가 하락으로 극심한 고통을 당한 뒤라 주식이라면 진절머리를 내고 있었다. 결과적으로 그들은 20년 만에 가장 싸게 주식을 살 수 있는 절호의 기회를 놓쳐버리고 말았다.

어떤 산업이 그 산업에만 해당하는 특정한 악재로 하락하고 있을 때도 저가 매수의 기회가 나타난다. 1980년대에 미국의 전력회사들은 원자력에 과도하게 투자했다가 재정 상태가 악화됐다. 몇몇 대형 전력회사들이 재정적인 어려움에 빠졌고 일부는 파산 신청을 해야 했다. 상황이 이렇게 되자 원자력 산업에 대한 투자자들의 관심은 그쳤고 개인투자자들은 물론 펀드매니저들도 전력회사에 투자하기를 꺼렸다. 그러나 모두들 전력회사를 외면할 때 몇몇 용기 있는 사람들이 퍼블릭 서비스 뉴 햄프셔, 걸프 스테이트 유틸리티, 뉴 멕시코 파워 등에 투자했다. 전력회사들이 재정 문제를 해결하고 다시 이익을 내기 시작하자 이들 회사에 투자했던 투자자들은 1980년대 나머지 기간 동안 엄청난 수익을 올렸다. 1980년대 말에서 1990년대 초에는 정크본드 시장이 붕괴 직전으로 몰리면서 은행 주식이 큰 폭으로 하락했다. 정크본드란 신용도가 낮은 기업이 발행한 채권을 말한다. 정크본드는 신용도가 낮아 상대적으로 파산할 위험이 큰 대신 투자자들에게 높은 금리를 제공하기 때문에 고수익·고위험 채권이라 불린다. 정크본드는 마이클 밀켄Michael R. Milken이란 인물이 본격적인 투자 대상으로 발굴하면서 활성화됐다. 그러나 밀켄은 자금동원 능력이 높아지면서 기업의 인수합병M&A 과정에 깊게 개입하기 시작했고 이 과정에서 법을 위반했다는 혐의를 받고 조사를 받게 됐다. 밀켄이 조사를 받는 동안 미국의 정크본드 시장은 폭락했고, 덩달아 부동산 가격이 하락하면서 저축대부조합(우리나라의 상호 저축은행)들이 재정 부실로 위기에 빠졌다. 이러한 위기는 작은 저축대부조합에서 큰 은행들로 확산됐다. 뱅크 오브 아메리카Bank of America, 체이스 맨해튼Chase Manhattan과 같은 상대적으로 자산 상태가 취약한 은행들은 주가가 장부가치 밑으로 떨어졌고 이익 대비 주가의 비율을 나타내는 PER도 한 자리 수로 내려갔다. 특히 웰스 파고Wells Fargo 은행은 가격이 급락하고 있던 캘리포니아 부동산에 대한 거래비중이 높다는 이유로 주가 하락이 심했다. 그러나 은행 주식들이 추락하고 있던 이때 은행들의 재정 상태를 꼼꼼히 조사해 은행 주식을 샀던 투자자들은 이후 10년 동안 은행 간 인수합병이 붐을 이루는 가운데 높은 수익을 올릴 수 있었다.

미국 속담 중에 '목욕물 버리려다 아기까지 같이 버릴라'라는 속담이 있다. 아기까지 같이 버린다니 말도 안 되는 소리다. 하지만 주식시장에서는 이런 일이 종종 벌어진다. 주가가 하락할 때 투자자들은 목욕물처럼 쓸모없는 주식을 팔려고 한다. 이때 소중한 아기까지 목욕물과 같이 버리는 투자자들이 적지 않다. 당신은 목욕물과 함께 버려지는 아기를 붙잡기만 하면 된다. 대표적인 예가 의료보험 개혁으로 이익이 줄어들 것이라는 예상에 주가가 하락했던 존슨&존슨이다.

빌 클린턴 대통령은 1992년 취임 후 아내인 힐러리 클린턴을 의료보험제도 개혁위원회 위원장으로 임명했다. 미국은 민간 보험회사의 의료보험이 기본이고 국가가 보장해주는 공공 의료보험은 노인과 빈곤층에 한해 제공되고 있다. 이 때문에 보험료가 비싸다는 단점이 있다. 클린턴 행정부는 공공 의료보험을 전 국민으로 확대해 돈이 없어 의료혜택을 받기 어려운 의료 소외층을 없애는 개혁을 단행하려 했다. 힐러리가 제안한 의료보험 개혁안은 매우 급진

적이었고 동시에 제약회사의 이익이 크게 축소될 수 있는 방안이었다. 이 때문에 주요 제약회사의 주가가 곤두박질쳤다.

투자자들이 제약회사 자체를 피하면서 존슨&존슨도 주가가 이익 대비 12배 수준으로 하락했다. 하지만 존슨&존슨은 의료보험의 대상이 되는 의사 처방약뿐만 아니라 진통 해열제 타이레놀과 반창고 등 의사의 처방전 없이도 살 수 있는 치료제와 소비제품도 많이 만들고 있었다. 당시 존슨&존슨의 주가는 소비제품 사업 부문의 가치와 똑같은 수준으로 내려와 있었다. 이는 존슨&존슨을 인수한다고 가정할 때 처방약 사업 부문은 공짜로 얻을 수 있을 정도로 주가가 낮아졌다는 뜻이다. 힐러리의 의료보험 개혁안이 국회를 통과하지 못한 채 무산돼버리자 존슨&존슨을 비롯한 제약주는 큰 폭으로 뛰어올랐고, 모두가 외면할 때 제약주에 투자했던 투자자들은 큰 수익을 거둘 수 있었다.

신용카드 회사인 아메리칸 익스프레스도 주가가 떨어질 때 좋은 기업에 투자하는 것이 수익률을 높일 수 있는 방법이라는 사실을 보여주는 사례다. 2001년 9·11 테러 직후 사람들이 비행기 타는 것을 꺼리게 되면서 항공사 주식이 하락했다. 덩달아 여행 비중이 높았던 아메리칸 익스프레스의 주가도 55달러에서 25달러로 절반 이상 하락했다. 사람들이 여행할 때 아메리칸 익스프레스를 많이 사용하는 것은 사실이지만 아메리칸 익스프레스는 주유소와 할인점, 백화점 등 일상생활에서도 널리 사용되고 있었다. 게다가 9·11 테러 이전에 아메리칸 익스프레스는 카드 발행 건수가 꾸준히 늘어나고 있었고 과감한 비용 절감책도 실시하고 있었다.

여행 산업이 침체되면서 아메리칸 익스프레스가 어느 정도 어려움에 빠진 것은 사실이지만 주가가 이익 대비 12배로까지 떨어진 것은 너무 심했다. 수익성이 좋은 기업을 이처럼 싸게 살 수 있는 기회는 정말 드물다. 그리고 신용카드에서 꾸준히 창출되는 이익은 안전마진이 될 수 있었다. 이러한 점에 착안해 아메리칸 익스프레스를 샀던 투자자들은 이후 몇 년간 매우 높은 수익을 올릴 수 있었다.

주가가 하락할 때 안전마진이 있는 기업에 투자하는 것이 주식 투자에서 성공하는 방법이다. 이는 학계와 증권 산업의 연구는 물론 실제 투자의 세계에서도 증명되어왔다. 남들이 다 팔아서 주가가 하락하고 있을 때 다른 사람들과 반대로 주식을 산다는 것은, 일반투자자는 물론이고 펀드매니저에게도 매우 어려운 일이다. 그러나 싼 주식을 골라 사는 가치투자자들은 주가가 연중 최고치를 갈아치우는 인기주 명단이 아니라 연중 최저치로 떨어진 소외주 명단에 저가 매수의 기회가 있다는 사실을 잘 알고 있다.

7.   기업 내부자가 살 때
따라 사라

기업을 그들만큼 잘 아는 사람들도 없다

기업의 내부자라 할 수 있는 주요 주주나 경영진이 자기 회사 주식을 사고 있으면 이는 대개 그 회사의 전망이 밝다는 것을 의미한다. 기업의 경영상태가 개선되고 이익이 늘어날 것이라는 사실을 가장 먼저 알 수 있는 사람은 그 기업의 사장(보통은 주요 주주)을 포함한 경영진이다. 따라서 어떤 기업의 주요 주주나 경영진이 자기 회사의 주식을 사고 있다면 그 회사의 전망은 앞으로 긍정적일 것이라고 확신해도 좋다.

주요 주주와 경영진은 자기 회사의 주식을 사고팔 때 2가지를 지켜야 한다. 첫째, 외부에 공개하지 않은 정보를 근거로 자기 회사의 주식을 매매해서는 안 된다. 예를 들어 실적이 크게 악화됐다는 사실을 공시하기 전에 자기 회사 주식을 팔면 내부자 거래로 법의 처벌을 받는다. 이는 일반투자자들을 보호하고 기업 내부자들이 부당 이득을 취하는 것을 막기 위해서다.

둘째, 주요 주주와 경영진은 자기 회사 주식을 사고팔았다는 사실을 알려야 한다. 미국의 경우 기업 내부자가 주식을 사거나 팔면 2거래일 이내에 공시하도록 하고 있다. 나는 이 규정이 일반투자자들에게 정말 도움이 된다고 생각한다. 일반투자자들도 기업의 내부 사정을 잘 아는 사람들과 똑같은 투자결정을 내릴 수 있게 해주기 때문이다.♦

기업 내부자가 자기 회사 주식을 파는 이유는 여러 가지가 있을 수 있다. 투자자산을 좀 더 다양하게 갖고 싶어 주식 일부를 팔았을 수도 있고, 집을 새로 구입하는 데 돈이 필요했을 수도 있다. 자녀가 결혼을 해서 큰돈이 필요했을 수도 있고, 곧 이혼할 배우자에게 지급할 위자료를 마련해야 했을 수도 있다. 또는 스톡옵션을 행사해서 취득한 주식을 팔아 차익을 실현하려는 것일 수도 있다. 따라서 기업 내부자가 자기 회사 주식을 매도하는 것이 반드시 그 회사의 전망이 나쁠 것이라는 신호가 될 수는 없다.

그러나 기업 내부자가 적대적 인수의 위협이 없는 상황에서 자기 돈을 털어 회사 주식을 산다면 논리적으로 설명할 수 있는 이유는 단 하나뿐이다. 회사가 앞으로 좋아져 주가가 오를 것이라고 생각하기 때문이다. 이 때문에 나는 기업 내부자가 회사 주식을 사는지 주의 깊게 살펴본다. 기업 내부자야말로 회사가 어떻게 돌아가는지 가장 잘 알고 있는 사람들이다. 그들은 회사의 실적이 앞으로 좋아질지 나빠질지 가장 잘 판단할 수 있는 위치에 있다. 회사를 경영하는 사람들이 바로 그들이기 때문이다. 경영환경이 개선되고 있거나 회사가 보유한 자산이 저평가돼 있거나 앞으로 일어날 금융거래가 회사의 재무 건전성을 높인다면 이 사실을 가장 잘 알고 있는 사람이 기업 내부자다. 기업 내부자가 사업이 나아지고 있다고 생각하거나 회사 주식이 저평가돼 있다고 판단한다면 회사 주식을 사는 것이 당연하지 않을까?

이는 논리적으로 당연할 뿐만 아니라 다양한 연구 결과 실제로도 수익률을 높이는 효과가 있는 것으로 나타났다. 기업 내부자가 회사 주식을 산 경우 그 주식은 최소한 2대 1의 비율로 시장 평균보다 수익률이 높았다. 이 같은 결과는 미국 외의 다른 나라에서도 마찬가지였다(다만 안타까운 것은 미국처럼 기업 내부자들의 매매를 공시하도록 규정하고 있는 나라가 많지 않다는 점이다). 이익이나 자산가치에 비해 주가가 싼 기업의 내부자가 주식을 샀다면 더욱 긍정적이다. 기업 내부자가 지속적으로 주식을 사고 있다면 이는 더더욱 긍정적인 신호다. 반면 주가가 자산가치에 비해 비싼 기업의 내부자가 회사 주식을 팔고 있다면 이 주식은 향후 수익률이 시장 평균보다 상당히 저조할 가능성이 높다.

기업의 전망이 밝을 것이라고 예상할 수 있는 또 다른 기업 내부자의 신호는 자사주 매입이다. 기업 이사회에서 자사주 매입을 결정했다면 이는 회사의 주가가 미래 성장세에 비해 낮다고 판단했다는 의미다. 자사주를 매입하는 것이 회사가 보유하고 있는 여유 현금을 투자해 가장 높은 수익을 올릴 수 있는 방법이라고 보는 것이다. 만약 이사회의 판단대로 주가가 기업의 실제 가치보다 낮다면 자사주를 매입할 경우 다른 주주들이 가진 주식의 1주당 가치가 올라간다. 장부가치보다 낮은 가격에 자사주를 매입하면 어떤 경우에든 나머지 주주들이 가진 1주당 가치가 올라가게 된다. 따라서 주가가 이익이나 자산가치에 비해 싼 기업이 자사주를 매입하겠다고 공시하면 눈여겨볼 필요가 있다.

주요 주주나 임원이 개인 돈으로 회사 주식을 사는 것이든, 회사 돈으로 자사주를 매입하는 것이든 기업 내부자의 매수는 상당한 의미가 있다. 기업 내부자는 대개 장기 투자하지 단타 매매하지 않는다. 그들은 대개 단기적인 이익보다는 장기적인 관점에서 자기 회사의 주식을 산다. 게다가 여러 연구 결과에 따르면 기업 내부자 매수와 자사주 매입은 주로 주가가 이익이나 순자산가치에 비해 저평가되어 있을 때 이뤄진다. 다시 말해 기업 내부자가 사고 있는 주식은 가치투자자들도 원하는 주식일 가능성이 높다.

투자자들이 주목해야 할 다른 종류의 기업 내부자도 있다. 회사 지분을 5% 이상 보유하고 있는 투자자들이다. 한 회사의 지분을 5% 이상 보유하면 이 사실을 증권거래위원회SEC에 보고하고 공시해야 한다. 또 이 회사의 주식을 5% 이상 갖고 있는 이유가 순전히 투자 목적인지, 아니면 경영에 영향을 미칠 생각이 있는지 명확히 밝혀야 한다. 지분을 5% 이상 보유한 투자자들은 보유주식의 비율에 변화가 있을 때도 SEC에 보고하고 공시해야 한다.♦♦

한 회사의 지분을 5% 이상 보유한 투자자들은 대개 과거의 투자

성과가 매우 성공적인 경우가 많다. 따라서 이들이 이익이나 자산 가치에 비해 저평가된 것으로 보이는 기업의 주식을 5% 이상 보유하고 있다면 주의 깊게 살펴볼 필요가 있다. 성공한 투자자가 관심을 갖고 있다는 것만으로도 그 기업은 주목해야 할 충분한 이유가 있는 셈이다.

경영에 관여하거나 경영진을 갈아치우기 위해 주식을 대량으로 사들이는 투자자들도 주목할 필요가 있다. 적극적으로 경영에 개입하려는 투자자를 주주 행동주의자라고 한다. 이들은 실적을 향상시키고 주주에게 주는 배당금을 높이라고 경영진을 압박한다. 미디어 회사인 타임워너, 패스트푸드 업체인 웬디스, 식료품 회사인 HJ 하인즈 모두가 이러한 주주 행동주의자들의 압력을 받고 있다. 주주 행동주의자들이 사는 주식은 대개 올라가는 경향이 있다. 예를 들어 워싱턴 D.C. 소속의 미식축구팀인 레드스킨의 구단주 대니얼 스나이더가 테마파크 운영에 관심을 갖고 있다고 말하자 미국의 유명 테마공원인 식스 플랙스의 주가가 큰 폭으로 뛰어올랐다.

모든 주주 행동주의자들이 투자에 성공하는 것은 아니다. 그러나 그들이 관심을 갖고 있는 주식이라면 가치투자의 대상이 될 수 있는지 한번 눈여겨볼 필요는 있다. 주주 행동주의자들은 주로 가치에 비해 저평가된 기업의 주식을 대량으로 매입한 뒤 주식의 가치를 높이지 못하면 해고해버리겠다고 경영진을 위협하기 때문이다. 이익이나 자산가치에 비해 저평가된 주식인데 투자성과가 뛰어난 주주 행동주의자까지 투자했다면 이 주식은 반드시 관심을 갖고 살펴볼 필요가 있다.

재정 상태나 수익성이나 모두 다 좋은데 단지 투자자들이 관심을 두지 않아서 이익이나 자산가치에 비해 저평가된 주식들이 종종 있다. 이런 주식에는 시장의 관심을 환기시킬 수 있는 촉매제가 필요하다. 기업 내부자 매수나 자사주 매입, 주주 행동주의자들의 매수는 이런 주식의 숨겨진 가치에 주식시장이 관심을 갖는 획기적인 계기가 될 수 있다.

♦ 우리나라(한국)에도 기업 내부자 거래에 대한 공시 규정이 있다. 기업의 주요 주주나 임원은 회사 주식을 단 1주라도 사거나 팔았으면 다음 달 10일까지 금융감독당국과 증권거래소에 보고해야 한다. 주요 주주란 주식을 10% 이상 소유하고 있거나 지분이 10%가 안 되더라도 회사 경영에 사실상 영향력을 행사하고 있는 지배 주주를 의미한다. 우리나라는 미국에 비해서는 주요 주주와 임원의 지분 변동이 공개되는 시점이 많이 늦는 편이다. 우리나라는 또 주요 주주와 임원이 자기 회사 주식을 6개월 이내에 매매해 차익을 얻었을 경우 이 차익을 반환하도록 하고 있다. 주요 주주와 임원이 6개월 이내의 단타 매매로 이득을 얻는 것을 금하고 있는 셈이다.

♦♦ 우리나라(한국)에는 미국과 마찬가지로 5% 룰도 있다. 어떤 기업의 주식을 5% 이상 보유하게 되면 그날부터 5일 이내에 금융감독당국과 증권거래소에 보고해야 한다. 5% 이상 보유한 이후에는 보유주식에 1% 이상 변동이 있을 때 변동이 있던 날부터 5일 이내에 금융감독당국과 증권거래소에 보고해야 한다.

8. 찾으라,
그러면 구할 것이요

할인 중인 주식을 어떻게 찾을까?

싸고 좋은 주식을 찾는 것은 보물찾기와 비슷하다. 금이나 다이아 몬드 같은 보물을 발굴하기 위해서는 수없이 많은 땅과 산을 파고 들어가 흙을 채집하며 값비싼 광물이 걸러지는지 살펴봐야 한다. 투자자들도 보석 같은 주식을 찾기 위해서는 수많은 자료를 조사하고 분석해야 한다. 금을 발굴하려는 사람들은 삽과 곡괭이, 그리고 가치 있는 광물을 골라낼 때 사용하는 선광 냄비 등의 도구를 갖춰야 한다. 투자자들도 전 세계의 수많은 주식들 가운데 좋은 주식을 골라내기 위한 도구가 필요하다.

싸고 좋은 가치주를 골라내기 위해서는 가능한 많은 주식을 찾아 분석할 필요가 있다. 내가 투자를 처음 시작했을 때 싸고 좋은 주식을 골라내는 일은 지루하고 단조롭고 시간도 많이 걸리는 작업이었다. 당시에는 신용평가회사인 S&P가 발간하는 기업편람을 처음부터 끝까지 꼼꼼히 읽어가며 각 기업의 장부가치와 주가를 비교해야 했다. 벤저민 그레이엄도 이런 방법으로 싸고 좋은 주식을 찾아냈다. 그는 순유동자산가치를 구하기 위해 대차대조표에서 현금과 매출채권(고객으로부터 받아야 할 돈), 비교적 짧은 기간에 팔아 현금화할 수 있는 자산, 재고 등의 가치를 일일이 모두 더했다. 그런 뒤 기업이 지불해야 할 비용과 부채를 모두 뺐다. 기업이 지불해야 할 모든 것을 제한 뒤에도 무엇인가가 남아 있다면 그 남은 자산을 기업이 발행한 총 주식 수로 나눴다. 이렇게 하면 최종적으로 주당 순유동자산가치가 나온다. 주당 순유동자산가치는 주식 하나가 가진 기업의 유동자산가치를 말한다. 그레이엄은 주가가 순유동자산가치의 3분의 2 이하인 주식을 샀다. 이는 매우 단순한 계산이지만 고도의 정확성이 필요한 지루하고도 힘든 작업이었다.

　나도 미국의 모든 은행에 대한 재무정보가 들어 있는 자줏빛 커버의 두꺼운 《폴크스 뱅크 디렉토리》를 인내심을 갖고 읽어야 했다. 당시 미국에는 은행이 굉장히 많았다. 여러 주에 지점을 둔 은행이 없었기 때문에 각 주마다 은행이 달랐다. 각 주는 그 주에 기반을 두고 성장해온 은행들의 보호 경계구역이나 마찬가지였다. 각 주에는 수천 개의 은행들이 있었다. 일리노이 주가 최악이었다. 일리노이 주는 심지어 지점 설립조차 허용하지 않았다. 일리노이 주에 있는 은행들은 모두가 독립적인 개별 회사였다. 일리노이 주의 은행들을 조사하는 데만 꼬박 4개월이 걸렸다. 당시 내 임무는 주식시장에 상장된 모든 미국 은행의 장부가치를 계산하는 것이었다. 나는 모든 은행의 장부가치를 계산한 뒤 이를 주가와 비교했다. 그 결과 주가가 장부가치의 3분의 2 이하면 그 은행의 주식을 샀다. 그리 복잡하지는 않았지만 시간이 많이 걸리는 단순 작업이었다. 하지만 덕분에 우리는 수많은 은행의 주식을 싼값에 살 수 있었다.

1980년대 초에 마침내 상장기업들의 재무제표를 모두 모아 종합적으로 제공해주는 데이터베이스가 등장했다. S&P의 컴퓨스탯이었다. 컴퓨스탯은 최초로 기업들의 재무정보를 모아 체계적으로 정리해 제공하긴 했지만 아직 초보적인 수준이었다. 우리는 컴퓨스탯에 전화해 미국에 있는 모든 상장기업의 재무정보를 주당 순자산가치, 주당 순이익, 주당 순유동자산가치 등 우리에게 필요한 기준에 맞춰 제공해달라고 요청하곤 했다.

지금은 그때와 비교하면 기업의 재무정보를 이용하기가 훨씬 더 간편해졌다. 이제 우리는 각종 통신 서비스와 인터넷을 통해 우리의 투자기준에 맞는 주식들을 손쉽게 골라내고 있다. 우리는 블룸버그 통신을 선호하긴 하지만 인터넷 포털의 금융정보 사이트인 야후 파이낸스finance.yahoo.com나 MSN 머니moneycentral.msn.com, 또는 주식시장 조사기관인 잭스닷컴www.zacks.com 등에서도 상장 기업들의 상세한 재무정보를 얻는다. 인터넷에서 제공되는 이런 정보들은 대개 무료다. 컴퓨터 자판을 몇 번만 두드리면 당신이 원하는 기준에 맞는 주식들이 쭉 나타난다. 마우스를 한 번만 더 누르면 이 주식들을 당신이 선택한 기준에 따라 가장 높은 순서대로, 혹은 가장 낮은 순서대로 정렬시킬 수 있다. 또 여러 기준을 한꺼번에 적용시킬 수도 있다. 어떤 경우든 몇 초 안에 컴퓨터 화면에 당신의 기준에 맞는 주식들이 쭉 나열될 것이다.

이 글을 쓰고 있는 순간에도 잭스닷컴에 접속해 클릭만 몇 번 하면 내가 원하는 투자기준에 맞는 기업들을 골라낼 수 있다. 클릭을 몇 번 했더니 시가총액이 장부가치 이하인 기업 715개의 명단이 화면에 뜬다. 주가가 이익에 비해 상대적으로 낮은 기업을 검색했더니 752개가 화면에 나타난다. 지난 3개월간 주가가 50% 이상 급락한 기업은 96개이고 지난 3개월간 주요 주주와 기업 임원의 매수가 많았던 기업은 209개다. 이런 기준에 따라 분류되어 나타나는 기업들은 가치투자의 관점에서 볼 때 투자가 가능한 후보 명단이다.

인터넷에는 투자자들이 원하는 기준에 맞는 주식을 찾아 제공해주는 사이트들이 많다. 또 기업의 주요 주주와 임원들의 대규모 매수 또는 지속적인 매수가 이뤄지고 있는 기업의 정보를 전문적으로 제공하는 사이트도 있다. 정보통신 기술의 발달로 가치주를 골라내는 일은 내가 처음 증권업계에서 일을 시작했을 때와는 비교도 할수 없을 만큼 쉽고 간편해졌다. 물론 투자자가 해야 할 일은 여전히 많다. 그러나 과거에 며칠씩 걸리던 일을 지금은 몇 분이면 끝낼 수 있다. 이것만 해도 종목분석이 과거에 비해 훨씬 더 쉬워졌다고 할수 있다.

주식시장에도 백화점이나 슈퍼마켓이 할인정보를 제공하기 위해 발송하는 광고 전단과 같은 것이 있다. 《월스트리트 저널》, 《파이낸셜 타임즈》 등의 경제신문과 《인베스터스 비즈니스 데일리》 같은 투자 전문 잡지다. 투자 전문 주간지인《배런스Barron's》도 좋은 투자 정보를 풍부하게 제공해준다.《배런스》는 특히 인터넷을 통해 토요일마다 그 주에 52주 동안 최저치로 떨어진 주식들의 명단을 제공한다. 1년을 통틀어 주가가 가장 낮은 수준으로 떨어진 주식들 명단은 가치투자를 할 종목을 찾을 때 그 출발선이 될 수 있다.

전 세계적으로 상장기업만 2만여 개 이상 있다. 아무리 읽는 속도가 빠르다고 해도 상장기업들의 연차보고서를 모두 다 살펴보는 것은 불가능하다. 인터넷을 통해 여러 기준에 따라 싼 주식들을 골라내면 투자할 만한 후보 명단을 얻을 수 있다. 그러나 여러 기준을 적용해 골라낸 싼 주식들은 가치투자를 하기 위한 시작일 뿐이다. 52주 최저치로 떨어진 주식, 주가순자산비율이나 주가수익비율이 낮은 주식들을 골라냈다고 여기에 무조건 투자한다면 큰 실패를 경험할 수도 있다. 이러한 기준에 적합한 주식들은 단지 1차 관문을 통과한 투자 후보들일 뿐이다. 여러 기준에 비춰볼 때 싸다고 분류된 주식들 중에서도 정말 가치가 있는 주식과 '싼 게 비지떡'이라고 아무것도 기대할 것이 없는 주식을 구분해내야 한다.

엄청난 추문과 화제 속에서 몰락해간 기업들은 모두 주가가 급락하며 52주 최저치 명단에 이름을 올렸다. 분식회계로 이익을 부풀려오다 결국은 파산한 에너지 회사 엔론과 통신회사 월드컴, 그리고 1990년대 말에 주가가 급등했다 거품이 꺼지면서 추락한 수많은 인터넷 회사들이 한 번 이상 52주 최저치 목록에 이름을 올렸다. 주가가 아무리 52주 최저치로 떨어졌다 해도 이런 주식을 샀다간 손해 보기 십상이다. 여러 번 강조했지만 가치투자를 할 때 기억해야 할 핵심적인 원칙 중 하나는 안전마진을 유지해야 한다는 것이다. 따라서 이러한 값싼 주식들의 명단은 가치투자를 위한 출발점일 뿐이지 목적지가 아니다.

가게를 운영한다고 해보자. 가게를 잘 운영하기 위해서는 경쟁 가게에 가서 어떤 상품이 어떻게 진열되어 있는지, 어떤 상품이 잘 팔리는지, 어떤 상품이 인기가 별로 없어 재고로 쌓이고 있는지 살펴봐야 한다. 가치투자를 할 때도 다른 가치투자자들은 어디에 투자하고 있는지 살펴보면 큰 도움이 된다. 이는 펀드 평가회사인 모닝스타를 이용하면 손쉽게 할 수 있는 일이다. 모든 펀드는 자금을 어디에 투자하고 있는지 공개해야 하며, 모닝스타는 그 공개 내용을 모아 투자자들에게 제공하고 있다. 펀드들이 공개하는 투자목록은 유용한 정보로 가득한 투자의 금광이나 마찬가지다. 뛰어난 펀드매니저들이 어디에 투자했는지 보여주기 때문이다.

펀드매니저들이 투자한 주식 명단에서 당신이 투자대상으로 고려하고 있는 주식을 발견했다면 그 주식에 대해 좀 더 확신을 가질 수 있을 것이다. 어떤 주식은 펀드매니저들이 오랫동안 보유하고 있어 이미 주가가 많이 올라가 가치투자의 대상이 될 수 없는 것도 있다. 반면 어떤 주식은 새로 포트폴리오에 편입된 것으로 최고의 펀드매니저가 매수한 가격과 비슷한 가격으로 살 수 있는 것도 있다. 펀드매니저의 운용보고서에는 주주들에게 보내는 편지도 들어 있다. 이 편지에는 펀드매니저가 지금 주식시장을 어떻게 보고 있는지, 어떤 주식에 주로 투자했고 그 이유가 무엇인지, 앞으로 주식시장이 어떻게 움직일 것으로 전망하는지 등의 내용이 담겨 있다. 단지 몇 번의 클릭만으로 가치투자로 유명한 펀드매니저가 어떤 주식에 투자했는지, 최근의 주식시장에 대해 어떤 견해를 갖고 있는지 알 수 있다.

모닝스타에서 펀드매니저들이 어떤 주식을 샀는지 살펴본 뒤에 야후 파이낸스 같은 금융 사이트에 가서 이 주식을 누가 많이 보유하고 있는지 조사해보라. 모닝스타에서 보지 못했던 펀드의 이름을 야후 파이낸스 같은 금융 사이트에서 발견하게 될 것이다. 모닝스타는 헤지펀드나 사모펀드의 운용보고서는 공개하지 않는다. 그러나 야후 파이낸스 같은 금융 사이트들에서는 어떤 주식을 누가 많이 보유하고 있는지 정보를 제공하기 때문에 유명한 헤지펀드나 사모펀드가 어디에 투자하고 있는지 확인할 수 있다.

가치투자의 기회를 찾는 또 다른 방법은 최근에 매각된 기업의 매각 가격을 알아낸 뒤 이 가격과 비교해 주가가 낮은 기업을 같은 산업 내에서 찾는 것이다. 어떤 기업이 최근에 매각된 경쟁 기업의 매각 가격과 비교해 주가가 상당히 낮은 수준이라면 또 다른 경쟁사나 이 산업에 진출할 생각이 있는 기업의 주목을 받게 된다. 대개 인수합병M&A은 기업의 실제 가치에 거의 근접한 가격으로 이뤄진다. M&A 전문가인 수많은 투자은행가와 회계사, 법률가들이 다른 M&A 거래를 조사해 이와 비슷한 수준으로 기업의 가격을 정하기 때문이다.

최근에 팔린 기업의 매각 가격이 그 기업의 이익과 자산, 매출액 등과 비교해 어느 정도 수준인지 계산해 같은 산업 내의 다른 기업들과 비교해보면 그 기업의 주가가 매각 가격 혹은 감정 가격에 비해 싼지 비싼지 알 수 있다. M&A가 활발한 산업에서 최근에 팔린 기업의 매각 가격과 다른 기업의 주가를 비교하는 것은 어렵지 않다. 현명한 투자자는 M&A 가격을 조사해 이 가격이 매출액 대비 몇 배인지, 또 순이익과 이자와 법인세를 제하기 전 이익EBIT, 이자와 법인세는 물론 감가상각비를 제하기 전 이익EBITDA 등에 비해서는 몇 배인지 계산해 이를 저장해두고 주식투자를 할 때 참고자료로 활용할 것이다.

전 세계 주식시장에는 2만 개 이상의 기업이 거래되고 있다. 이 주식들을 하나하나 다 조사한다는 것은 불가능하다. 따라서 숲속에서 사슴을 쫓을 때 발자취를 찾는 것과 마찬가지로 주식시장에서도 표시를 찾아야 한다. 투자기준에 따라 기업들을 선별해내고 다른 펀드매니저들이 투자하고 있는 주식을 살펴보는 것은 싸고 좋은 주식을 발굴하기 위한 좋은 실마리가 된다. 어떤 실마리가 투자기회를 찾는 데 가장 효과적인지 알게 되면 당신의 가치주 사냥은 훨씬 더 쉬워질 것이다.

9. '싼 게 비지떡'인 주식도 있다

주가가 왜 싼지 살펴보라

싼 주식들로 투자 후보 명단을 만든 뒤에는 진짜 투자할 주식과 과감히 버릴 주식을 구분해야 한다. 투자 후보 명단에 이름을 올린 주식은 모두 주가가 싸다. 하지만 주가가 싼 이유는 각기 다르다. 어떤 기업은 펀더멘털(기초체력)에 문제가 있을 수 있다. 펀더멘털 자체에 결함이 있다면 가치 있는 주식이 되기 힘들다.

지난 몇 년간 에너지 기업인 엔론, 광통신기업인 글로벌 크로싱, 장거리 전화회사인 MCI, 항공사인 U.S. 항공, 전력회사인 퍼시픽 가스&전력 등은 주가가 큰 폭으로 하락해 한 번씩은 가치투자의 대상으로 검토될 수 있었다. 그러나 이 기업들은 결국 파산했고, 싸다는 이유로 이 기업들에 투자했던 투자자들은 큰 손해를 입었다. 주식 투자에서 성공하려면 투자 후보 명단에 오른 주식들이 왜 싼지 파악해보고 주가가 회복될 가능성이 있는지 살펴봐야 한다.

주가가 싼 가장 기본적이고 치명적인 이유는 부채가 많기 때문이다. 경기가 좋을 때 이런 추세가 유지된다면 이자와 원금을 충분히 갚아나갈 수 있을 것이라고 생각하고 큰돈을 빌리는 경우가 있다. 그러나 불행하게도 미래란 계획대로 흘러가지 않는다. 부채가 많은 기업은 경기가 나빠지면 매우 취약해진다. 심한 경우 파산할 수도 있다. 미국의 통신 케이블 회사들은 호황이 계속될 것이라고 생각하고 돈을 빌려 투자를 계속했다. 그러나 기술이 빠르게 발전하고 경쟁이 심화되면서 통신요금이 하락하자 늘어나는 이자 부담을 감당하기 어려워졌다.

벤저민 그레이엄은 매우 단순한 기준으로 기업의 재무 건전성을 측정했다. 자산이 부채보다 2배 더 많아야 한다는 것이었다. 나 역시 그레이엄의 이 기준을 활용한 덕분에 경기가 부진할 때 살아남기 어려운 기업들을 피해갈 수 있었다.

실적이 애널리스트들의 전망치에 미달해 주가가 하락한 경우도 있다. 크고 좋은 기업들이 애널리스트들이 예상한 것보다 좋지 못한 실적을 발표하면 주가가 떨어진다. 애널리스트들은 기업의 장기적인 성공보다는 단기적인 이익 증감에 더 많은 관심을 기울인다. 애널리스트들이 예상하는 기업의 미래 이익이 신뢰하기 어렵다는 사실은 이미 연구 결과로도 증명됐다. 그럼에도 애널리스트들의 이익 전망치를 기준으로 주식을 사고파는 관행은 여전하다. 수많은 투자 시스템이 애널리스트들의 전망치보다 기업의 실적이 높으면 사고 낮으면 팔도록 설계돼 있다. 사실 실적 전망치의 정확성은 애널리스트들의 보수에 거의 영향을 미치지 않는다. 애널리스트들의 보수는 담당하고 있는 주식들의 매매를 증권사가 중개해 벌어들이는 수수료 수입을 토대로 결정된다. 기업의 실적이 애널리스트들의 예상보다 나쁘다고 해도 그것이 치명적인 단점이 되는 것은 아니다. 오히려 이 때문에 주가가 떨어졌다면 좋은 기업의 주식을 싸게 살 수 있는 기회다. 다만 기업의 실적이 애널리스트들의 예상보다 나쁜 추세가 계속된다면 주가도 하락세를 지속하게 될 것이다.

경기변동 때문에 주가가 떨어질 수도 있다. 어떤 기업들은 경기변동에 따라 실적이 크게 달라지고 주가도 민감하게 변한다. 이런 주식을 경기 순환주라고 한다. 식료품이나 비누, 치약, 휴지 같은 생활필수품은 주머니 사정이 나쁘다고 지금 필요한 것을 사지 않고 미룰 수가 없다. 반면 식기세척기나 냉장고 같은 가전제품이나 자동차, 가구, 집 같은 것은 경기가 나쁘면 쓰던 것을 그냥 쓰지 새로 사지 않는다. 이 때문에 경기가 나빠지면 가전제품, 자동차, 철강, 건설 등의 산업은 매출이 줄어들고, 그 결과 주가도 떨어지게 된다.

경기침체의 정도나 기간은 때에 따라 다르다. 그러나 산업화된 경제에서는 경기가 나빠져도 언젠가는 반드시 회복된다. 문제는 부채가 많은 기업이다. 부채도 많고 경기의 영향도 심하게 받는 기업은 경기가 나빠졌을 때 헤쳐나가기가 어렵다. 불황으로 상품이 팔리지 않으면 이자를 지불하기도 어려워진다. 따라서 부채가 많은 기업은 어떤 경우에든 피하는 것이 좋다.

노동문제 때문에 주가가 떨어질 수도 있다. 어떤 기업들은 경기가 좋을 때 노동조합의 압력에 굴복해 경기가 나빠지면 도저히 실행할 수 없는 요구까지 다 받아들인다. 이는 기업의 미래를 담보로 잡히는 것이나 마찬가지다. 노조의 값비싼 요구를 들어줄 필요가 없는 새로운 경쟁자가 등장하면 이런 기업들은 치열한 경쟁 속에서 이익을 내기가 어려워진다. 강성노조로 유명한 미국의 3대 자동차 회사와 주요 항공사의 사례를 생각해보라. 노조는 회사의 존재 자체를 크게 위협할 수 있다는 사실을 알면서도 경기가 좋았을 때 약속받은 기득권을 쉽게 포기하려 하지 않는다. 비용이 많이 드는 고용조건이 경영진이나 노조에 장기적으로 이익이 될지, 안 될지는 모르겠다. 그러나 값비싼 고용조건을 계속 유지하는 것이 주주들에게는 전혀 이익이 되지 않는다는 것만은 분명하다.

이와 관련해 역사가 오래된 미국의 전통산업은 퇴직연금이라는 또 다른 심각한 문제에 직면해 있다. 전통산업에 속하는 미국 대기업들은 과거에 근로자들에게 퇴직 후 평생토록 연금을 지급하겠다고 약속했다. 그러나 경쟁이 심하지 않았던 과거 호황기에 했던 이러한 약속은 경쟁이 치열한 현대에 와서는 지키기가 점점 어려워지고 있다. 게다가 평균 수명이 늘어나는 것도 기업의 퇴직연금 부담을 높이는 원인이 되고 있다. 퇴직연금 부담과 강성노조는 주주의 이익에 전혀 도움이 되지 않는다. 따라서 퇴직연금 부담이 높거나 노조가 강성인 기업은 투자 불가 명단에 올리고 관심을 끊는 것이 좋다.

주가가 하락하는 또 다른 이유는 경쟁심화 때문이다. 인건비가 비싸거나 규제비용이 높은 국가나 산업의 경우 새로운 경쟁자의 출현이 특히 심각할 수 있다. 인건비가 싼 중국이 노동집약적인 산업을 빠르게 잠식해 들어오고 있는 것이 대표적인 예다. 국경의 구분이 무의미한 글로벌 경쟁 속에서 기업은 점점 더 고달파지고 있다. 다른 나라에서 제공하는 상품이나 서비스가 더 싸면 소비자들은 가차 없이 그쪽으로 옮겨간다. 세계의 모든 나라 기업들이 외국 자동차와 외국 가전제품, 외국 의류가 자국 시장에 침투하는 것을 목격하고 있다.

가전제품은 대부분 미국에서 발명됐다. 그러나 지금 미국에서 생산되는 가전제품은 거의 없다. 다른 곳에서 더 싸게 만들 수 있는 상품을 2배나 되는 비용을 들여 만들어봤자 경쟁이 되지 않는다. 어떤 기업이 같은 상품을 훨씬 더 싸게 제공할 수 있는 새로운 경쟁자를 만났다면 그 기업도 투자 불가 명단에 올리고 다른 투자대상을 찾아나서라.

산업 자체의 쇠퇴도 치명적인 주가 하락의 원인이다. 시대에 뒤떨어진 제품을 만들어 파는 기업은 몰락할 수밖에 없다. 마차 채찍을 대량으로 생산하던 회사가 제품의 품질이 떨어져 망하지는 않았을 것이다. 아무리 품질이 뛰어난 제품이라 해도 더 이상 필요하지 않다면 아무 소용이 없다. 안테나가 달린 TV를 마지막으로 본 것이 언제인가? TV에 안테나가 달렸던 시절이 있었다는 사실은 알고 있는가? 물론 마차 채찍이나 안테나가 달린 TV에 대해서도 아주 조금은 수요가 있을 수 있다. 그러나 소규모 특이한 수요밖에 없는 제품에 매출 대부분을 의지하고 있다면 그 회사는 사업을 접는 수밖에 없다.

현대의 기술발전 속도를 생각해보라. '창조적 파괴'의 속도가 이처럼 빨랐던 적은 없었다. 더 나은 제품이 매일 새로 등장해 과거의 제품들을 쓸모없이 만들어버린다. 새로운 제품이나 서비스가 등장하면 소비자들은 큰 혜택을 입지만 기존에 비슷한 제품이나 서비스를 제공해왔던 기업은 치명적인 타격을 입는다. 예를 들어 영화를 인터넷에서 순식간에 다운로드받아 볼 수 있는 시대에 비디오 대여 체인점인 블록버스터가 과거만큼 필요할까? 집에 앉아 넷플릭스 사이트에 접속해 원하는 DVD를 주문하면 우편으로 받아볼 수 있는데 군이 블록버스터까지 걸어가서 비디오를 빌려올 필요가 있을까? 인터넷 전화회사인 보니지에 가입하면 한 달 전화료가 29달러에 불과한데 군이 한 달에 99달러를 내면서 기존 전화회사인 버라이존을 고집해야 할 이유가 있을까? 이런 이유 때문에 기술이 발전하면 주력 제품이 구식으로 전락해버릴 수 있는 기업은 피하는 것이 좋다. 다른 기업이 더 싸게 더 좋게 제공할 수 있는 제품이나 서비스에 잠시라도 의존하기에는 세계가 너무나 빨리 변하고 있다.

주가가 하락하는 가장 위험한 이유는 아마도 분식회계 같은 기업의 부정행위일 것이다. 기업의 부정행위나 분식회계는 주주들에 대한 범죄다. 과거 몇 년간은 특히 역사에 남을 만한 큰 기업의 부정행위가 많았다. 미국의 에너지 기업인 엔론, 이탈리아 최대의 유가공 업체인 파르마라트Parmalat, 미국의 복합기업인 타이코 인터내셔널Tyco International, 미국의 통신회사인 월드컴 등이 지난 몇 년간 회계부정과 사기행위 등으로 불명예스럽게 화제에 올랐다. 이들 기업의 부정행위 대부분은 1990년대 호황기에 '실적 목표만 달성하면 뭐든 해도 좋다'는 식의 태도가 만연하면서 나타난 결과였다. '실적 목표를 달성하기 위해 회계수치를 조금 조작하는 것 정도야 괜찮겠지' 하는 생각이 비극적인 결과로 이어졌다.

금융감독당국은 기업의 부정행위를 막기 위해 많은 노력을 기울이고 있지만 기업의 부정행위는 언제든, 어떤 형태로든 나타날 수 있다. 분식회계 등 기업의 부정행위는 적발되기 전에는 알 수 있는 방법이 사실상 없는데 적발된 후에는 대처하기에 너무 늦어버린다는 것이 문제다. 투자자들이 분식회계 등 부정행위가 이루어지는 기업을 피하는 최선의 방법은 재무제표가 불필요하게 복잡한 기업에 대해서는 관심을 끊는 것이다.

가치투자의 대상이 되는 기업은 대개 평범한 사람들도 충분히 이해할 수 있는 쉬운 기업이다. 워런 버핏이 즐겨 말하는 '절대적 우위'로 무장한 기업이라면 더욱 좋다. '절대적 우위'란 생활에 꼭 필요한 제품에 대해 특허권으로 보호받고 있거나 소비자들의 인지도가 매우 높은 브랜드를 소유하고 있는 경우를 말한다. '절대적 우위'를 차지한 기업은 경쟁을 걱정할 필요가 없다. '절대적 우위'는 규모가 될 수도 있다. 예를 들어 미국에서 가장 큰 할인점인 월마트를 생각해보자. 과연 누가 월마트를 압도할 만한 규모의 할인점을 만들어낼 생각을 하겠는가? 물론 경쟁은 언제나 있다. '절대적 우위'

도 영원히 지속되지는 않는다. 그러나 '절대적 우위'를 점하고 있는 기업이면 최소한 몇 년간은 안정적으로 많은 이익을 낼 수 있다.

나는 일상생활에서 늘 필요하고 쉽게 이해할 수 있는 기업을 좋아한다. 은행이 대표적이다. 은행은 인류가 사냥과 채집생활에서 벗어나 정착생활을 하면서부터 어떤 행태로든 존재해왔다. 나는 은행이 가장 오래된 산업 중 하나라고 생각한다. 그리고 지금까지 아무도 은행의 역할을 대체할 만한 더 나은 방법을 발견하지 못했다. 금융자산이 늘어날수록 은행도 커진다. 많은 사람들이 은행을 구시대의 지루한 산업이라고 생각하지만 은행은 오히려 위대한 혁신산업이었다. ATM기나 직불카드, 신용카드가 없다면 우리 생활이 어떻게 달라질지 생각해보라. 현금인출기가 없던 시대가 기억이나 나는가?

나는 식품과 음료수, 세제, 치약, 볼펜, 연필 등 일상생활에서 계속 사용해야 하는 소비 필수품을 좋아한다. 이러한 제품들은 경기에 관계없이 항상 수요가 있을 뿐만 아니라 쓰던 제품을 계속 쓰는 경향인 브랜드 충성도 높다. 만약 하이네켄을 좋아한다면 맥주를 살 때 90%는 하이네켄을 사게 된다. 휴지든 식용유든 일상생활에서 늘 사용해야 하는 생활필수품은 대개 브랜드 충성도가 높다. 우리는 모두 습관의 동물이다. 쇼핑할 때 소비제품은 선호하던 것을 반복해 구매한다.

나는 여러 기준을 통해 추려낸 투자 후보 명단을 언제나 의심을 갖고 꼼꼼히 분석한다. 그리고 조금이라도 이해할 수 없는 부분이 있거나 마음이 편하지 않은 점이 있으면 바로 투자 불가 명단으로 옮긴다. 투자를 결정할 때 나의 가장 좋은 친구는 투자 불가 명단이다. 부채가 과도하게 많거나, 노조가 강성이거나, 퇴직연금 부담이 크거나, 외국 기업과의 경쟁이 심하다면 그 주식은 투자 불가 명단으로 옮겨라. 나는 오랫동안 갖고 있어도 마음이 편안하고 보유하고 있는 동안 자산을 크게 늘려줄 수 있는 명품 주식들로 포트폴리오를 채우고 싶다.

10. 기업 건강검진 I

투자 실수를 피하려면 기업의 기초체력을 점검하라

지금까지 여러 기준에 의해 싼 주식들을 추려내어 투자 후보 명단을 만들고, 각 주식의 주가가 왜 싼지 이유를 파악한 뒤 주가가 싼 이유가 치명적인 주식은 걸러내야 한다는 점을 설명했다. 이제 투자 후보 명단에는 피해야 할 주식들은 빠지고 알짜들만 남았다. 이제 이 알짜 주식들이 정말 투자할 만한 주식인지 분석할 차례다.

기업을 분석할 때 가장 먼저 살펴봐야 하는 것은 대차대조표다. 대차대조표를 보면 기업의 기초체력이라고 할 수 있는 재정 상태를 한눈에 파악할 수 있다. 대차대조표는 기업의 자산은 얼마이고 부채는 얼마인지, 부채가 있다면 부채를 갚을 능력은 어느 정도이고, 부채까지 감안했을 때 기업의 가치는 얼마인지, 기업이 성장해나가기 위해 필요한 자원은 어느 정도인지 보여준다. 대차대조표는 또 단기간에 현금으로 바꿀 수 있는 자산은 얼마나 있고, 공장이나 기

120

계 등과 같이 파는 데 시간이 어느 정도 걸리는 고정자산은 얼마나 있는지 보여준다. 대차대조표는 은행에서 대출을 신청할 때 작성해야 하는 양식과 기본적으로 같다고 보면 된다.

대차대조표에서 가장 눈여겨봐야 할 항목은 유동성이다. 유동성이란 기업이 단기간에 확보할 수 있는 현금의 양을 말한다. 유동성은 경기가 내리막일 때 기업이 견뎌낼 수 있는 힘이 된다는 점에서 중요하다. 유동성은 주주들에게 지급하는 배당금의 원천이고, 자사주를 매입할 수 있는 자원이며, 미래의 성장을 위한 투자 밑천이다. 대차대조표에서 주의 깊게 살펴봐야 하는 또 다른 항목은 부채다. 기업에 빚은 어느 정도 있는지, 빚이 있다 해도 불경기 때 버텨낼 수 있을 만한 자산은 충분한지 등을 면밀히 살펴봐야 한다.

대차대조표 왼쪽 가장 위에 나오는 항목은 유동자산이다. 유동자산은 빠른 시일 내에, 통상적으로 1년 이내에 현금화할 수 있는 자산을 말한다. 유동자산은 당좌자산과 재고자산으로 나뉜다. 당좌자산은 현금, 예금 등과 같은 단기 금융상품, 국채 등과 같은 유가증권, 아직 받지 못한 상품 판매대금인 매출채권 등을 말한다. 재고자산에는 다 만든 뒤 아직 팔지 않고 있는 재고품과 제조 공정 중에 있는 미완성 제품이 포함된다.

유동자산 오른쪽에는 유동부채가 기재된다. 유동자산이 통상 1년 이내에 현금화할 수 있는 자산이라면 유동부채는 1년 이내에 갚아야 할 부채를 말한다. 유동부채에는 원자재 등을 구입하고 아직 지급하지 못한 대금인 매입채무, 빠른 시일 내에 갚기로 하고 빌려온 단기 차입금, 아직 내지 못한 세금인 미지급 법인세 등이 포함된다.

유동자산을 유동부채로 나누면 유동비율이 나온다. 유동비율은 단기부채를 갚을 수 있는 기업의 능력이 어느 정도인지 보여준다는 점에서 대차대조표를 분석할 때 매우 중요하다. 경험에 비춰볼 때 유동비율은 2 대 1, 즉 유동자산이 유동부채보다 2배 더 많은 것이 좋다. 물론 적절한 유동비율은 사업의 종류에 따라 달라질 수 있다. 그러나 나는 기업의 재정 상태에 관해서라면 지나치다 싶을 정도로 보수적인 편이 좋다고 생각한다.

유동비율을 같은 산업의 다른 기업과 비교해보는 것도 도움이 된다. 같은 산업에 속한 기업들의 유동비율을 비교해보면 어떤 기업의 재정 상태가 더 건전한지 판단할 수 있다. 산업 평균에 비해 유동비율이 낮을수록 유동성 문제가 발생할 위험이 높다. 과거 몇 년간 유동비율이 어떻게 변해왔는지 살펴보는 것도 중요하다. 유동비율이 몇 년간에 걸쳐 서서히 낮아지고 있다면 심각한 유동성 문제가 전개되고 있는 것일 수도 있다. 현금을 기준으로 생각해보는 것도 참고가 된다. 유동자산에서 유동부채를 빼면 순유동자산, 즉 순운전자본이 나온다. 운전자본이란 단기간에 상환을 고려하지 않고 운용할 수 있는 자본이다. 내가 경험한 바로는 운전자본은 많을수록 좋다. 지난 몇 년간 운전자본이 늘어났는지, 줄어들었는지 추이를 살펴보는 것도 투자결정을 내리는 데 도움이 된다.

유동비율을 조금 변형하면 당좌비율이 된다. 당좌비율이란 당좌자산(유동자산-재고자산)을 유동부채로 나눈 것을 말한다. 재고는 팔면 현금화할 수 있지만 잘 팔리지 않을 경우에는 대폭 할인된 가격으로 처분해야 한다. 따라서 좀 더 보수적인 관점으로 기업의 재정 상태를 분석하려면 기업의 재고자산을 제외한 당좌자산을 기준으로 살펴봐야 한다. 당좌비율은 당좌자산을 단기부채, 즉 유동부채로 나눈 것이다. 당좌비율은 서둘러 갚아야 할 부채를 감안했을 때 기업의 순수한 현금 사정이 어떤지 보여준다는 점에서 기업의 단기부채 상환능력을 보여주는 매우 엄격한 기준이라고 할 수 있다. 기업의 재정 상태를 파악할 때 지난 몇 년간 재고자산 추이를 살펴보는 것도 유용하다. 매출액에 비해 재고자산이 늘고 있다면 상품에 대한 수요가 줄어들어 이익을 내기가 점점 더 어려워지고 있다는 의미일 수 있다.

유동자산과 유동부채 다음에는 고정자산과 고정부채를 살펴봐야 한다. 고정자산은 부동산, 공장, 창고, 기계, 계열사에 출자한 자본금, 매각할 의사가 없는 다른 기업의 주식 등을 말한다. 특허권이나 상표권, 판권 등의 무형자산도 고정자산으로 분류된다. 다시 말해 고정자산은 공장이나 토지 같은 눈에 보이는 유형자산과 특허권처럼 눈에 보이지 않는 무형자산을 모두 포함한다. 그러나 나는 무형자산은 정확한 가치를 추정하기 어렵기 때문에 기업의 자산을 계산할 때 제외한다. 무형자산의 가치는 기업의 자산이 아니라 오히려 이익에 반영해야 한다고 생각한다.

고정부채는 1년 이상 장기간에 걸쳐 갚아야 하는 부채를 말한다.

고정부채에는 은행 등 금융기관으로부터 장기간에 걸쳐 갚기로 하고 빌린 장기 차입금, 회사채와 전환사채 등 각종 사채, 부동산이나 시설 등을 장기 대여(리스)하는 자금 등이 포함된다. 고정부채 역시 지난 몇 년간의 추이를 살펴보는 것이 중요하다. 고정부채가 고정 자산에 비해 빠르게 늘고 있다면 이는 기업이 파산을 면하기 위해 점점 더 많은 돈을 빌리고 있다는 의미일 수도 있다. 반면 고정자산은 늘고 있는데 고정부채는 줄고 있다면 기업이 부채를 갚고도 남을 정도의 현금을 벌어들이고 있다는 뜻으로 재정 상태가 점점 더 견실해지고 있음을 나타낸다.

기업이 소유하고 있는 자산에서 기업이 갚아야 할 모든 부채를 빼면 자기자본, 즉 순자산이 나온다. 이 순자산가치가 바로 이 책의 5장에서 설명했던 기업의 자산가치, 장부가치다. 자기자본은 기업이 처음에 투자받은 자본금과 회사에 유보된 이익 및 사업에 재투자된 이익을 통해 기업의 자산을 어떻게 늘려갔는지 궁극적으로 나타내는 지표다. 다시 말하지만 나는 자기자본을 계산할 때 무형자산은 제외한다. 그래야 필요할 때 당장 융통해 쓸 수 있는 자산이 기업에 어느 정도 있는지 좀 더 현실적으로 파악할 수 있기 때문이다.

유동부채와 고정부채를 합한 총 부채를 자기자본으로 나누면 부채비율이 나온다. 부채비율은 기업의 종합적인 채무 지불능력과 이에 따라 불황기 때 생존할 수 있는 역량을 보여준다. 부채비율이 1보다 크면, 즉 100%가 넘으면 기업이 보유하고 있는 자본을 통한 투자보다는 돈을 빌려 자금을 조달받고 있다는 의미다. 부채비율이 1이 넘는다고 무조건 투자대상에서 제외할 필요는 없다. 그러나 부채비율이 1이 넘는 경우는 기업의 재정 상태를 좀 더 자세히 검토해볼 필요가 있다.

부채비율을 같은 산업에 속한 다른 기업과 비교해보는 것도 도움이 된다. 부채비율을 비교해보면 그 기업이 시장의 경쟁구도에서 어떤 입지를 차지하고 있는지, 어려운 경영환경을 극복할 수 있는 능력은 어느 정도인지 파악할 수 있다. 다만 산업의 종류에 따라 건전한 부채비율의 기준은 달라질 수 있다. 예를 들어 전기, 가스, 상하수도 등 안정적인 공공설비 기업은 신제품 연구개발에 지속적으로 자금을 투자해야 하는 첨단기술 기업에 비해 더 많은 부채를 감당할 여력이 있다. 일반적으로 부채비율이 높다는 것은 기업의 성장이 돈을 빌려 이뤄지고 있다는 의미다. 부채비율을 높여 매출을 늘림으로써 기업의 성장을 꾀하는 것은 '양날의 칼'이다. 돈을 빌려 투자한 결과 갚아야 할 이자보다 더 많은 돈을 벌어들인다면 이익이 빠르게 개선된다. 그러나 갚아야 할 이자보다 버는 돈이 적다면 부채를 갚지 못해 파산할 수 있는 위험도 배제하기 어렵다.

대차대조표는 기업 분석의 출발점이다. 대차대조표를 통해 기업이 처음에 생각했던 것 이상으로 심각한 문제를 안고 있는 것은 아닌지 위험신호를 찾는 데 주력해야 한다. 단순히 자산과 부채, 순유동자산의 현재 수준만 파악할 것이 아니라 각 항목의 추세까지 살펴봐야 한다. 추세를 보면 기업의 재무 건전성과 전망에 대해 소중한 지식을 얻을 수 있다. 같은 산업에 속한 다른 기업과 비교해보는 것도 시장에서의 입지를 파악할 수 있다는 점에서 유용하다.

또 대차대조표를 잘 살펴보면 기업의 자기자본, 즉 순자산이 얼마나 견실한지 이해할 수 있다. 순자산에 비해 주가가 낮다는 것, 즉 주가순자산비율PBR이 낮다는 것은 수익률을 높일 수 있는 중요한 투자기준이라는 사실을 기억하라. 다만 순자산에 영업권 같은 무형 자산이나 매출에 비해 과도하게 많은 재고자산이 포함되어 있다면 이 주식은 처음에 기대했던 것만큼 싼 것이 아닐 수도 있다. 반면 순자산이 실제보다 낮게 평가된 경우도 있다. 예를 들어 몇 년 전에 매입한 토지나 주식의 가치가 크게 상승했는데도 대차대조표에는 시가가 아니라 취득원가로 기재돼 있다면 이 주식은 처음에 생각했던 것보다 훨씬 더 싼 것일 수 있다. 나는 이런 사례를 외국 주식에서 여러 번 목격했다.

투자라는 게임에서 이긴다는 것은 일단 손해 보지 않는다는 뜻이다. 대차대조표가 건강하다는 것은 기업이 가지고 있는 기본 체력이 튼튼해서 주변 여건이 다소 어려워지더라도 헤쳐나갈 수 있는 능력이 있다는 뜻이다. 당신이 골라낸 기업이 탄탄한 재정적 기반 위에 있다는 사실을 확인했다면 이제 기업의 이익현황을 살펴볼 차례다.

11. 기업 건강검진 Ⅱ

기업의 기초체력이 괜찮다면
얼마나 이익을 내고 있는지 살펴보라

대차대조표를 통해 기업의 재무구조가 탄탄하다는 사실을 확인했다면 이번에는 손익계산서를 점검할 차례다. 손익계산서는 어떤 기업이 일정 기간 동안 얼마나 많은 돈을 벌어들였는지(수익 또는 매출액), 또 같은 기간 동안 얼마나 많은 돈을 썼는지(비용)를 보여주는 기록이다. 대부분의 기업은 손익계산서를 분기별로 또 연도별로 함께 작성한다. 어떤 기업은 계절적 요인에 따라 매출액 변동이 심할 수 있기 때문에 분기보다는 연간 손익계산서가 좀 더 유용하다. 예를 들어 유통업체는 명절과 크리스마스가 있는 기간에 판매가 집중되는 경향이 있기 때문에 계절에 따라 매출액 변화가 심하다.

손익계산서는 기업의 이익규모를 보여주기 때문에 중요하다. 이익은 주가를 움직이는 궁극적인 변수다. 손익계산서의 제일 위에는 매출액 또는 수익이 표기된다. 매출액과 수익은 기업이 벌어들이는 수입 총액으로 같은 뜻이지만 일반적으로 서비스 회사는 수익이라는 용어를 주로 쓰고 제조업체는 이를 매출액이라고 표현한다. 수익 또는 매출액은 기업을 움직이는 피와 같다. 매출이 없으면 이익도 없다. 주어진 한 해의 매출액도 중요하지만 과거 몇 년간의 매출액 추이도 중요하다. 대개 기업의 연차보고서에는 과거 5년간의 매출액과 이익이 함께 기재되기 때문에 매출액과 이익이 연도별로 어떤 추세를 보이고 있는지 손쉽게 확인할 수 있다.

매출액이 늘고 있으면 사업이 성장해가고 있다는 뜻이다. 반면 매출액이 줄어든다면 우려할 만한 요인이다. 기업에는 만들어 파는 상품 종류별로 서로 다른 사업부문들이 있다. 사업부문별로 또는 상품별로 매출액을 나눠 살펴보면 기업의 매출액이 주로 어디에서 발생하는지 파악할 수 있다. 특별히 실적이 좋은 사업부문이 핵심사업의 문제를 숨기고 있을 수도 있고, 반대로 특별히 실적이 나쁜 사업부문이 핵심사업의 전반적인 강점을 가리고 있을 수도 있다. 이 때문에 매출액과 이익 모두 사업부문별로 분석해보는 것이 의미가 있다.

매출액 다음에는 비용이 나온다. 비용 중에서 제품을 만드는 데 드는 비용인 매출원가부터 파악해야 한다. 매출원가는 기업이 판매하는 상품이나 서비스를 만드는 데 직접적으로 들어가는 비용을 말한다. 매출원가에는 원료비와 생산비, 인건비 등이 포함된다. 매출원가는 시기에 따라 변할 수 있다. 매출액과 매출원가를 연도별로 비교해 매출액 대비 매출원가의 비율이 높아지고 있다면 이는 경고

신호일 수 있다. 이는 소비자에게 전가할 수 없는 비용이 늘어나면서 장기적인 이익 잠재력이 축소되고 있거나, 기업이 새로운 경쟁에 직면해 이익이 줄어들고 있음을 나타내는 것일 수 있다. 또는 수요가 둔화되면서 매출액 대비 매출원가 비율이 올라간 것일 수도 있다. 이러한 수요 둔화는 경기의 영향 때문일 수도 있고, 다른 이유 때문일 수도 있다. 재고를 처분하기 위해 제품을 싼 가격에 팔아치운 탓에 매출원가 비율이 높아지기도 한다. 매출액에서 매출원가를 빼면 매출총이익이 나온다. 이 매출총이익을 매출액으로 나누면 매출액총이익률이 된다. 매출액총이익률은 매출액에서 매출총이익이 차지하는 비율로 기업의 수익성을 나타낸다. 나는 매출액총이익률이 꾸준한 기업을 좋아한다. 매출액총이익률은 기업이 판매하는 상품이나 서비스의 수요에 따라 변한다. 매출액총이익률이 큰 변화 없이 꾸준할수록 사업이 견실하다는 의미다.

매출총이익 다음에는 판매비와 관리비라 불리는 영업비용이 나온다. 판매비는 판매를 담당하는 부서의 인건비와 광고비 등 판매를 위해 사용한 모든 비용을 말한다. 관리비는 기업의 경리, 기획, 총무 등 관리업무를 담당하는 부서의 인건비와 감가상각비, 무형자산상각비 등을 포함한다. 감가상각비는 기업의 건물이나 공장, 장비, 기계 등이 시간이 지남에 따라 가치가 손실되는 부분을 비용으로 반영한 것이다. 무형자산상각비는 영업권이나 특허권 등 무형자산의 가치가 시간이 지남에 따라 줄어드는 것을 비용으로 감안한 것이다. 판매비와 관리비가 낮을수록, 또 매출액에서 판매비와 관리비가 차지하는 비율이 낮을수록 더 좋다. 판매비와 관리비가 늘어나고 있다는 것은 급여가 상승했거나 비용지출에 대한 전반적인 관리가 느슨해졌다는 뜻이다.

　판매비와 관리비를 계산하면 영업이익을 구할 수 있다. 영업이익은 매출총이익에서 판매비와 관리비를 뺀 것이다. 나는 기업의 가치를 평가할 때 영업이익을 매우 중시한다. 영업이익은 어떤 기업을 인수하거나 매각하는 데 관심 있는 사람이라면 누구나 가장 주의 깊게 살펴봐야 하는 지표다. 영업이익에서 이자비용과 법인세 등을 빼면 최종 이익, 즉 순이익이 나온다. 사실 순이익이 나오기까지의 과정은 좀 더 복잡하다. 순이익을 구하기 위해서는 우선 영업이익에 배당금 수익 등 사업과 관계없이 벌어들인 수익(영업 외 수익)을 더한 뒤 대출이자 등 사업과 관계없이 지출한 비용(영업 외 비용)을 빼 경상이익을 구해야 한다. 순이익은 이 경상이익에 특별손익을 반영한 뒤 법인세를 뺀 것이다.

　순이익에서 강조하고 싶은 것은 특별손익을 면밀히 살펴봐야 한다는 점이다. 특별손익은 경영활동과 무관하게 일시적으로 발생한 특별이익에서 특별손실을 뺀 것이다. 특별손익은 주식에 대한 가치평가를 왜곡시킬 수 있기 때문에 주의해서 봐야 한다. 예를 들어 주가가 순이익의 6~7배에 불과하다면 이 주식은 매우 저평가된 상태다. 하지만 이 기업이 자회사 지분이나 부동산을 처분하면서 일시적으로 특별이익이 늘어나 순이익이 급증한 것이라면 주가가 싸다고 단정할 수 없다. 내년에는 특별이익이 발생하지 않으므로 현 수준의 순이익을 유지하지 못할 것이기 때문이다. 따라서 한번 발생하고 마는 이익, 매년 발생하기 어려운 이익은 제외할 필요가 있다. 이러한 이익은 언제 발생할지 예측하기 어려울 뿐만 아니라 반복적으로 발생하지도 않는다.

마찬가지로 비용에도 이례적으로 발생하는 비용이 있다. 예를 들어 적자가 계속되는 사업부문을 정리하면서 발생한 비용이 대표적이다. 이러한 비용은 기업의 지속적인 경영과 관계없이 한번 발생하고 마는 비용이다. 이 비용 때문에 순이익이 줄었다면 내년에는 이러한 특별비용이 없을 것이므로 순이익이 좀 더 개선될 것이라는 사실을 유추할 수 있다. 또 특별비용을 제하고 나면 주가도 처음에 생각했던 것만큼 비싼 것이 아니란 사실이 드러난다.

순이익은 모든 비용을 제하고 남은 것으로 손익계산서 제일 밑에 나온다. 이 때문에 영어에서는 순이익을 바텀 라인^{Bottom Line}이라고 표현하기도 한다. 반대로 손익계산서 제일 위에 나오는 매출액은 톱 라인^{Top Line}이라 불린다. 순이익을 발행주식 수로 나누면 주당 순이익^{EPS}이 나온다. EPS는 주식 하나가 창출한 이익을 나타낸다. 이런 점에서 EPS는 주식의 실제 가치를 평가할 수 있는 하나의 기준이 된다. EPS를 구하는 것은 매우 단순해 보이지만 항상 그런 것은 아니다. 현재 발행주식 수에는 포함되지 않지만 언제든지 주식으로 전환될 수 있는 일종의 '미전환 주식'이 있을 수 있기 때문이다.

대표적인 것이 기업이 임직원들에게 부여하는 스톡옵션이다. 스톡옵션이란 일정한 기간 후에 약속한 가격으로 주식을 매입할 수 있는 권리를 말한다. 언젠가 임직원이 스톡옵션을 행사하면, 즉 과거에 약속한 가격으로 주식을 매입하겠다고 하면 그만큼 주식 수가 늘어나게 된다. 스톡옵션 외에도 지금은 발행주식 수에 포함되지 않지만 훗날 주식으로 전환돼 발행주식 수를 늘릴 수 있는 채권과 워런트Warrant(일정 수의 보통주를 일정 가격에 살 수 있는 권한)도 있고, 보통주로 전환될 수 있는 우선주(의결권이 없는 주식)도 있다.

이 때문에 단순한 EPS 외에 희석 EPS도 계산해볼 필요가 있다. 희석 EPS란 아직 보통주로 유통되지는 않고 있지만 언젠가 보통주로 전환될 수 있는 모든 금융상품과 계약(스톡옵션)이 보통주로 전환됐다고 가정하고 계산한 1주당 이익이다. 희석 EPS가 기본 EPS보다 현저히 낮다면 보통주로 전환될 수 있는 금융상품이나 계약이 많다는 뜻이다. 이는 주가가 처음에 생각했던 것보다 싸지 않을 수도 있다는 경고신호일 수 있다. 나는 완전히 희석화된 EPS가 좀 더 보수적인 관점에서 주식의 실제 가치를 판단할 수 있는 기준이라고 생각한다. 나는 또 EPS를 구할 때 순이익보다는 이자와 법인세를 제하기 전 이익을 이용한다. 이자와 법인세를 제하기 전의 이익이 기업의 수익창출 능력을 측정하는 더 정확한 방법이라고 생각하기 때문이다.

대차대조표와 마찬가지로 손익계산서에서도 과거 5~10년간의 추이가 중요하다. 과거 추이를 살펴보면 미처 몰랐던 부분을 파악할 수 있다. 매출액은 늘고 있는가? 매출액과 비교할 때 비용이 적정 수준을 유지하고 있는가? 이익은 꾸준한가? 이익에 주기적인 특징이 있는가? 이익이 전반적으로 늘어나고 있는 추세인가? 순이익을 왜곡시킬 수 있는 일시적인 이익이나 비용이 있는가?

손익계산서에서는 발행주식 수도 꼼꼼히 살펴봐야 한다. 발행주식 수가 늘었다면 내가 가진 주식에 할당되는 기업의 이익이 줄어든다는 뜻이다. 발행주식 수는 임원들에게 부여하는 스톡옵션이 늘어나거나 자금을 유치하기 위해 주식이나 주식으로 전환될 수 있는 채권을 발행하면 늘어난다. 따라서 발행주식 수가 늘어난다는 것은 기업이 이익보다는 주식 발행을 통해 자금을 확보하고 있다는 의미이기도 하다. 반대로 발행주식 수가 줄고 있다면 7장에서 설명했듯이 기업이 자사주를 적극적으로 매입하고 있다는 뜻으로 긍정적인 신호다. 발행주식 수를 보면 기업이 자사주를 매입하겠다는 약속을 지켰는지 확인할 수 있다. 기업이 자사주를 매입하겠다고 공시한 뒤 실제로는 자사주를 사지 않는 경우도 있다.

기업의 이익을 분석한 뒤에는 비율에 주목해야 한다. 투자할 때 중요한 비율로 내가 즐겨 활용하는 것은 자본이익률ROC, Return On Capital♦이다. ROC는 어떤 한 해의 이익을 그해 시작할 때의 자본과 부채를 더한 금액으로 나눈 것이다. ROC는 기업이 얼마만큼의 자본을 사용해 얼마만큼의 이익을 벌어들였는지 보여주는 좋은 지표가 된다. ROC가 높다는 것은 투입한 자본에 비해 벌어들인 이익이 많다는 뜻이다. 따라서 ROC가 높은 기업은 ROC가 낮은 기업과 비교할 때 스스로 벌어들인 이익으로 성장에 필요한 자금을 조달할 능력이 더 크다는 것을 의미한다.

ROC 역시 추세가 중요하다. 최소한 ROC가 안정적인 것이 좋다. ROC가 안정적이란 것은 경영진이 매년 투자를 적절히 잘하고 있다는 뜻이다. ROC가 높아지고 있다면 경영진이 이익 재투자 활동을 환상적으로 잘하고 있다는 뜻이다. 반면 ROC가 낮아지고 있다면, 특히 지속적으로 낮아지고 있다면 경영진이 사업을 키우기는커녕 과거와 같은 수준의 수익성을 유지하는 정도의 재투자도 제대로 하지 못하고 있다는 뜻이다. 이론적으로는 사업에 추가로 투입된 자본은 이전에 투입된 자본과 같은 수준의 수익을 창출해야 한다. 그러나 현실적으로는 1달러의 이익을 재투자할 경우 기존에 투자한 1달러에 비해 수익률이 낮아지는 경우가 많다.

예를 들어 1980년대에 담배회사인 필립 모리스는 미국에서 가장 수익성이 높은 기업 중 하나였다. 그러나 건강에 해로운 담배를 판매하고 있다는 이유로 주가는 세전 이익의 9배에 불과했다(나는 여기에서 담배사업에 대해 어떠한 가치평가도 내리지 않을 생각이다). 필립 모리스는 담배를 팔아 벌어들인 이익을 담배사업에 재투자할 필요가 없었다. 담배사업은 그 자체로 수익성이 매우 높은 데다 추가 투자가 필요하지 않았다. 이 때문에 필립 모리스는 남는 이익으로 식품회사들을 줄줄이 인수했다. 종합 식품회사로서 좀 더 개선된 이미지로 전환해보려는 욕심도 있었던 것 같다. 필립 모리스는 제너럴 푸드를 이익 대비 약 15배의 가격에, 크래프트 푸드를 이익 대비 거의 20배의 가격에 사들였다. 필립 모리스의 주가는 기껏해야 이익 대비 9배에 불과했는데도 말이다. 주주들로서는 필립 모리스가 식품회사를 인수할 돈으로 차라리 자사주를 매입하거나 배당금을 더 많이 지급했다면 훨씬 더 이익이었을 것이다.

손익계산서를 분석할 때 순이익률도 중요하다. 순이익률은 순이익을 매출액으로 나눈 것이다. 순이익률은 정확히 매출액순이익률이라고 하는데 이익마진율이라고 생각하면 쉽다. 순이익률이 높다는 것은 매출액에 비해 순이익이 많다는 것, 즉 제품 하나를 팔 때마다 남는 이익이 많다는 의미다. ROC와 마찬가지로 순이익률도 꾸준한 것이 좋다. 순이익률의 추이를 보면 기업의 이익창출 능력을 파악할 수 있다. 예를 들어 순이익률에 주목했던 투자자라면 지난 몇 년간 통신산업과 컴퓨터산업, 자동차산업에서 일어난 가격경쟁이 순이익에 타격을 줄 것이란 사실을 감지하고 주가가 급락하기 전에 이들 주식을 처분할 수 있었을 것이다. 순이익률이 하락한다는 것은 판매가와 원가의 차이인 마진이 떨어진다는 뜻이다. 이는 총비용이 늘어나고 있거나, 경쟁이 심해지고 있거나, 경영이 방만하다는 신호로, 투자할 때 피해야 할 어떤 문제가 진행되고 있음을 시사한다.

처음에는 손익계산서 분석이 어렵게 느껴질 수도 있다. 그러나 손익계산서에 기재된 복잡한 숫자들 가운데 무엇에 주목해야 하는지 이해하기만 하면, 몇 가지 계산을 해서 비율을 구하고 비교하는 일은 상대적으로 쉽고 단순해진다. 손익계산서를 도저히 이해할 수 없다면 그 기업은 투자 불가 명단에 올리는 편이 좋다. 자신이 똑똑하지 못해 손익계산서를 이해하지 못하는 것이 아닐까 전혀 주눅들 필요 없다. 유능하고 똑똑한 수많은 회계 전문가들이 에너지 기업인 엔론의 손익계산서를 이해하지 못했고, 손익계산서를 이해하지 못하면서도 엔론의 열렬한 팬이 됐다가 큰 손해를 봤다.

대차대조표와 손익계산서를 통해 투자 후보 명단에 오른 기업의 재정 상태와 수익성을 확인했다면, 이제 이 모든 것을 종합해 투자할 기업을 최종적으로 추려낼 차례다.

♦ 원서에 자본이익률^{ROC}을 구하는 방법이 명확하게 제시되지 않아 추가 설명을 덧붙인다. ROC이라고 표기돼 있지만 저자가 말하는 ROC는 투하자본이익률에 가까운 것으로 추정된다. 투하자본이익률은 ROIC^{Return} $^{On\ Invested\ Capital}$ 또는 ROCE$^{Return\ On\ Capital\ Employed}$라고 하는데, 기업의 이익을 영업활동에 사용된 자본으로 나눠서 구한다. 원서에는 ROC를 구할 때 이익을 '자본과 부채를 더한 금액'으로 나눈다고 설명돼 있다. 그러나 이 역시 자본과 부채를 더한 자산(자산 = 자본 + 부채)으로 나눈다는 의미가 아니라 ROIC를 구할 때처럼 영업 활동에 사용된 자본으로 나눈다는 뜻으로 짐작된다. 영업활동에 사용된 자본은 자기자본은 물론 다른 사람의 자본, 즉 빌린 돈 가운데 영업활동에 투입된 자금을 더해 나눈다는 뜻이다. 만약 원서 내용 그대로 이익을 자본과 부채를 더한 자산으로 나눈다면 순이익을 총자산으로 나눠 구하는 총자산순이익률^{ROA,} $^{Return\ On\ Asset}$과 다를 바가 없다. 저자는 또 ROC를 구할 때 어떤 종류의 이익을 사용해야 하는지도 구체적으로 밝히지 않았다. 다만 ROIC를 구할 때는 세후 영업이익을 사용한다.

참고로 국내 번역서 가운데 《주식시장을 이기는 작은 책》(시공사)이 ROC란 개념을 소개하면서 구체적인 정의를 내리고 있다. 이 책의 저자인 조엘 그린블라트는 세전 영업이익^{EBIT}을 투입 유형자본(순운전자본과 순고정자산)으로 나눠 ROC를 구한다고 설명한다. ROIC와는 조금 다른 개념이다. ROC는 결국 기업이 투입한 자본에 비해 얼마만큼의 이익을 냈는지 나타내는 포괄적인 개념으로, 각자의 필요에 따라 적합한 이익과 투입자본을 대입시켜 구하면 되는 것으로 보인다. 한 가지 더 짚고 넘어가자면 《주식시장을 이기는 작은 책》에서는 ROC가 자본수익률로 번역돼 있지만, 이 책에서는 자본이익률로 번역했다. 비교되는 개념인 총자산순이익률^{ROA}, 자기자본이익률^{ROE} 등과의 통일성을 위해서다. 그러나 큰 차이는 없다. ROIC도 투하자본이익률, 투하자본수익률로 혼용되어 사용되고 있다.

12. 기업 건강검진 Ⅲ

16가지 질문을 통해 기업의 미래를 가늠하라

지금까지 주가순자산비율PBR, 주가수익비율PER, 대차대조표와 손익계산서 분석 등을 통해 싸고 좋은 기업을 고르는 방법을 소개했다. 이 모든 방법이 주식투자에 성공하기 위한 열쇠가 된다. 그러나 기계적인 공식 몇 개를 아는 것만으로 주식투자에 성공할 수 있다면 이 세상 모든 사람들이 오를 주식만 쏙쏙 골라 쉽게 부자가 될 수 있었을 것이다. 안타깝게도 주식투자는 그렇게 쉽지 않다. 지금까지 기업의 숫자가 견실했다고 앞으로도 계속 그러리란 보장은 없다.

따라서 진정으로 투자할 만한 기업인지 좀 더 철저히 파악하기 위해서는 그 기업이 시장의 경쟁구도에서 차지하고 있는 입지와 성장 전망을 이해할 필요가 있다. 여기에 소개하는 16가지 질문은 기업을 좀 더 깊이 이해할 수 있도록 도와주는 지침이다. 이 16가지 질문에 대답하다 보면 투자하고자 하는 주식이 진정으로 미래 시장에서 경쟁력을 갖춘 기업인지 판단하는 통찰력을 얻을 수 있을 것이다.

1. 이 기업이 판매하고 있는 상품이나 서비스의 가격 전망은 어떤가? 이 기업은 가격을 올릴 수 있는가? 비용이 늘어나지 않는다면 가격을 1달러 올릴 때마다 세전 이익도 1달러씩 늘어날까?

상품이나 서비스의 수요가 많다면 가격을 쉽게 올릴 수 있어 더 많은 이익을 창출할 수 있다. 비용이 이전과 똑같이 유지된다면 가격을 인상해 더 받는 돈은 곧바로 이익으로 연결된다. 미국의 담배회사인 필립 모리스는 지난 몇 년간 담배 가격을 원할 때마다 큰 폭으로 인상할 수 있었다. 오토바이 전문기업인 할리 데이비슨도 열렬 팬들의 수요가 많기 때문에 경쟁기업보다 더 높은 가격을 받고 오토바이를 팔 수 있었다.

반면 첨단기술 기업들은 기술변화가 빠르고 경쟁이 치열하기 때문에 가격을 올리기가 쉽지 않다. 대표적으로 컴퓨터의 경우 항상 가격을 내릴 채비를 하고 있는 경쟁기업들이 세계 곳곳에 도사리고 있다. 유통업도 비슷하다. 미국 최대의 할인점인 월마트가 있는 한 다른 모든 유통업체들은 가격인하 압박을 느낄 수밖에 없다. 월마트는 규모가 크기 때문에 상품을 싼값에 대량으로 매입할 수 있고 경영 효율화를 통해 다른 비용까지 절감해 소비자들에게 더 싼 가격으로 상품을 팔 수 있다.

어떤 산업에서 상품에 대한 수요 자체가 줄어들고 있다면 기업의 경영이 아무리 효율적이라 해도 가격을 올릴 수 없을 것이다. 반면 과거 수년간 특별한 계기와 사회적 추세 덕분에 거의 한계를 느끼지 않고 가격을 올릴 수 있었던 기업들도 있다. 예를 들어 건설회사들은 지난 수년간 유례없는 수요 증가 속에서 가격을 올릴 수 있었다. 또 손해보험회사들은 2005년 8월 허리케인 카트리나 이후 수많은 사람들과 기업들이 재난에 대비해 보험에 가입하려고 몰려드는 바람에 보험료를 인상할 수 있었다. 경쟁이 적은 산업일수록 가격을 올리기는 더 쉽다.

2. 이 기업은 상품이나 서비스를 더 많이 팔 수 있는가? 판매 전망은 어떤가?
마진이 변함없이 유지된다면 판매량이 10% 늘어날 경우 매출 총이익(매출액 − 매출원가) 역시 10% 늘어나게 된다. 다른 비용이 올라가지 않는다면 세전이익도 이만큼 늘어날 것이다. 이 기업은 이것이 가능한가?

순이익을 늘리는 가장 손쉬운 방법은 상품이나 서비스를 더 많이 파는 것이다. 비용이 똑같이 유지된다면 판매량이 늘어난 만큼 순이익 역시 늘어난다.

1990년대 초 클린턴 행정부가 의료보험 개혁을 추진하자 제약회사의 이익이 크게 줄 것이라는 전망이 대두되며 존슨&존슨을 비롯한 모든 제약회사 주식들이 큰 폭으로 하락했다. 그러나 존슨&존슨의 근간이 되는 사업여건은 악화되지 않았다. 존슨&존슨은 의료보험이 적용되는 의사의 처방약뿐만 아니라 처방전 없이 구입할 수 있는 진통 해열제인 타이레놀도 판매하고 있다. 그리고 인구 고령화로 인해 처방약뿐만 아니라 처방전 없이 살 수 있는 의약품에 대한 수요도 크게 늘어나고 있다. 최근에는 직원에 대한 안전규정이 강화됨에 따라 단체 방호복에 대한 수요가 급증하고 있다.

이처럼 수요가 증가하면서 판매가 늘어나는 것이 중요하다. 각종 할인혜택이나 경품 또는 다른 보상 제공을 통해 판매가 늘어났다면 마진이 축소돼 매출 증가가 이익 증가로 이어지지 않을 수도 있다.

예를 들어 2005년에 미국 자동차회사들은 자동차 판매량이 크게 늘었으나 이익은 거의 늘지 않았다. 직원과 가족에게만 제공해왔던 할인혜택을 모든 소비자에게 확대하면서 마진이 축소됐기 때문이다. 매출을 늘리기가 극히 어려운 산업도 있다. 여행사가 대표적이다. 경쟁이 치열한데다 인터넷으로 직접 항공권과 호텔 숙박권을 싸게 예매할 수 있게 되면서 특색 없는 여행사는 입지가 점점 더 축소되고 있다.

3. 기존 매출 수준에서 이익을 더 늘릴 수 있는 방법이 있는가? 매출 총이익이 매출액에서 차지하는 비율, 즉 매출액총이익률 전망은 어떤가? 상품을 만드는 데 드는 비용이나 사업구성 등이 바뀔 경우 매출액총이익률이 얼마나 높아질 것인가? 또는 얼마나 낮아질 것인가?

상품이나 서비스를 더 많이 팔 수 없다면 기존의 판매 수준에서 더 많은 이익을 짜낼 수 있는 여력이 있는가? 납품업체나 배송방법을 바꿔 비용을 줄일 수 있는가? 또는 상품 구성을 좀 더 수익성 높은 사업에 집중하도록 변화시켜 이익률을 높일 수 있는가? 미국의 주요 미디어 회사들은 신문 판매부수가 정체되면서 광고 수입이 줄자 2006년에 주력사업인 신문에서 벗어나 사업을 다각화하기 시작했다.《뉴욕 타임스》와 트리뷴 컴퍼니Tribune Company 등은 마진과 매출을 전반적으로 늘리기 위해 수익성이 높은 온라인 사업을 강화했다. 미국 최대의 할인점인 월마트는 매입단가를 낮출 수만 있다면 주저하지 않고 상품 공급업체를 바꿔버린다.

나는 투자할 기업을 선택할 때 가장 기본적인 비용을 관리할 수 있는 기업인지 살펴본다. 예를 들어 운송회사나 항공회사는 연료비를 마음대로 조절할 수 없으며, 제과업체는 과자 만드는 데 들어가는 설탕 가격을 관리할 수 없다. 이런 기업들은 기업 스스로 관리할 수 없는 외부 요인에 따라 비용이 늘어날 수 있다는 취약성을 안고 있다.

4. 생산과 직접적으로 관계가 없는 비용을 관리할 수 있는가? 판매비, 관리비, 일반경비 등이 매출액에서 차지하는 비율이 앞으로 높아질 것 같은가, 낮아질 것 같은가? 최근 비용구조에 어떤 변화가 있었는가? 변화가 있었다면 무엇이 바뀌었는가?

제품을 생산하는 데 직접적으로 들어가는 비용과 관계없는 다른 비용을 줄일 수 있는가? 경리, 기획, 총무 등 공통 관리비와 관련 급여가 다른 비용과 조화를 이루고 있는가? 비용이 많이 드는 낡은 생산설비를 폐기할 수 있는가? 새로운 기술을 활용해 이익 마진을 전반적으로 끌어올릴 수 있는가? 경비절감을 위해 직원들을 감원할 수 있는가? 대출을 더 싼 금리로 바꿔 줄어든 조달비용을 이익으로 적립할 수 있는가? 비용을 제대로 관리하지 못했다면 전반적인 비용을 절감해 수익성을 회복할 수 있다. 사무실 관리비든 종이 값이든 줄어든 비용은 이익으로 쌓여 수익성을 회복하는 데 도움이 된다.

5. 매출액이 늘어났다면 늘어난 매출액 중 어느 정도가 이익이 되는가?

추가비용 없이도 매출액이 늘어났다면 늘어난 매출액은 고스란히 이익으로 쌓인다. 그러나 매출액을 늘리기 위해 영업직원을 늘리거나, 공장을 증설하거나, 운송비를 더 투입했다면 늘어난 매출액이 모두 이익이 되진 않는다. 또 할인판매나 다른 보상 제공을 통해 매출액이 늘어났다면 늘어난 매출액에서 이익이 차지하는 비율은 낮아질 것이다. 실제로 매출액을 늘리거나 시장점유율을 확대하는 데 들어간 비용 때문에 마진이 축소되거나, 심지어 기업의 전체 이익이 줄어드는 경우도 있다.

첨단기술 산업에서는 사업을 하는 데 들어가는 비용이 그 사업의 잠재적인 이익보다 더 큰 경우가 종종 있다. 반대로 할인점인 월마트나 오토바이 회사인 할리 데이비슨은 매출액이 큰 폭으로 늘어나면서도 마진은 그대로 유지되거나 오히려 확대돼온 대표적인 사례다.

6. 앞으로도 현재 수준의 수익성을 유지할 수 있는가? 최소한 경쟁업체만큼의 수익성은 유지할 수 있는가?

가끔 이익률이 큰 폭으로 하락한 기업을 보게 된다. 이익률 하락이 일시적인 문제라면 곧 이전 수준의 수익성을 회복할 수 있을 것이다. 이익률 하락, 즉 마진 축소는 경영상 판단오류 때문일 수도 있고, 신제품이 실패했기 때문일 수도 있으며, 비용이 제대로 관리되지 않아 일시적으로 비용이 늘어났기 때문일 수도 있다. 기업의 외적인 요인 때문에 마진이 축소될 수도 있다. 많은 기업들이 금리가 오르거나 유가나 원자재 가격이 상승하면 이익이 줄어든다. 이익률이 하락한 이유를 파악했으면 이 문제가 고착화되어 지속될 것인지, 아니면 일시적인 현상으로 이익이 이전 수준으로 쉽게 회복할 것인지 판단해야 한다. 나는 산업 평균에 비해 이익률이 크게 낮은 기업을 발견하면 경쟁업체에 이 기업과 다른 뭔가가 있는지 살펴본다. 그리고 이 기업의 경영진이 혁신을 통해 이익률을 경쟁업체 수준으로 높일 수 있을지 생각해본다.

7. 미래에는 지출하지 않아도 되는 일시적인 비용이 있는가?

일회성 지출이나 비용 때문에 일시적으로 기업의 이익이 줄어드는 경우가 있다. 일회성 지출은 인수·합병이 있거나, 공장 문을 닫거나 수익성이 떨어지는 사업부를 폐쇄할 때 발생한다. 소송비용도 일회성 비용이다. 예를 들어 담배회사는 흡연으로 인한 피해와 관련해 소송을 당하는 경우가 자주 있다. 반복해서 발생하지 않는 일회성 비용일 뿐이라면 이익은 곧 이전 수준으로 회복되고 주가도 다시 올라갈 것이다.

8. 적자를 내고 있어 정리해야 할 사업이 있는가?

기업에는 돈을 버는 사업부도 있지만 손실을 보는 사업부도 있다. 유통 체인점의 경우 다른 대다수 매장에 비해 판매가 극히 부진한 매장이 있을 수 있다. 손실을 보고 있는 사업부나 판매가 부진한 매장은 매각하거나 정리하는 것이 기업의 수익성에 도움이 된다. 손실을 보지 않는 만큼 이익이 늘어나기 때문이다.

나는 적자사업을 정리해 이익이 늘어난 사례를 여러 번 목격했다. 예를 들어 아일랜드의 작은 복합기업 제임스 크린은 처음 발견했을 때 주가가 그리 싸 보이지 않았다. 그런데 제임스 크린의 경영진이 주식을 계속 사들이자 호기심이 일어났다. 좀 더 자세히 조사해보니 제임스 크린은 몇 개의 부실한 사업부를 팔고 있었고, 이에 따라 재정 상태가 견실해지고 있었다. 1997년에 제임스 크린의 주가는 사업부 매각으로 조정된 순자산의 65%에 불과했다. 나는 또 1996년에 내셔널 에듀케이션이라는 작은 기업을 발견했다. 이 기업은 흑자를 내는 2개의 사업부문과 적자를 내는 2개의 사업부문을 가지고 있었다. 경영진이 적자사업을 정리하자 주가가 2배로 뛰었다. 이처럼 손실을 내고 있는 사업부문을 매각하거나 정리하면 주가가 상승하는 경우가 많다.

9. 기업 경영진이 애널리스트들의 실적 전망에 편안하게 반응하는가?

나는 투자할 기업의 가치를 판단할 때 애널리스트들이 제시하는 실적 전망치는 거의 참조하지 않는다. 다만 경영진이 이러한 실적 전망치에 편안하게 반응하는지는 살펴본다. 경영진이 애널리스트들의 이익 전망치를 편안하게 받아들이지 않는다면 이익 전망치가 너무 높거나 낮다고 생각한다는 뜻이다. 이 경우 실제 실적이 발표될 때 주가가 등락할 수 있다. 실제 이익이 전망치보다 나쁘면 주가가 하락할 가능성이 크고 전망치보다 좋으면 주가가 상승할 가능성이 크다.

10. 이 기업은 향후 5년간 얼마나 성장할 수 있는가? 미래 성장은 어떤 방법으로 성취할 수 있는가?

나는 경영진이 제시하는 향후 5년간의 성장 전망에 주목한다. 경영진이 기업의 성장능력을 확신하고 있는지, 아니면 기업의 미래에 그다지 자신이 없는지 알아보면 주가가 현재 수준에서 앞으로 얼마만큼 오를 수 있는지 감을 잡을 수 있다. 나는 경영진이 성장목표를 달성하기 위해 어떤 계획을 갖고 있는지에 대해서도 주의 깊게 살펴본다. 새로운 매장을 열 계획인가? 새로운 시장에 진출할 계획인가? 다른 기업을 인수할 생각인가? 마진이나 자기자본이익률ROE을 희생하고 몸집을 키울 생각인가? 나는 이런 질문들을 통해 경영진이 성장목표를 달성할 수 있는 구체적인 계획을 가지고 있는지, 그리고 성장에 필요한 비용과 지출을 잘 관리할 수 있는지 알아본다.

기업의 몸집이 커진다 해도 매출액 증가가 이익 증가로 이어지지 못한다면 주가에 큰 도움이 되지 않는다.

11. 이 기업은 사업으로 벌어들인 현금을 어떻게 사용할 것인가? 주주들에게 배당금으로 지급하고 남은 이익은 이익잉여금으로 회사 내에 유보된다. 이 기업은 이익잉여금으로 무엇을 할 계획인가?

이익이 많이 발생했다면 이익을 어떻게 사용할 것인가? 주주들에게 지급하는 배당금을 늘릴 것인가? 새로운 매장을 열거나 공장을 증설하는 데 투자할 것인가? 남는 이익은 다른 기업을 인수하거나 자사주를 매입하는 데 쓰일 수 있다. 나는 기업이 남는 이익을 투자할 경우 어느 정도의 수익률을 기대할 수 있는지 알아본다. 경영진이 남는 현금을 적절히 사용하면 매출액이 늘면서 향후 이익이 증가해 주가에 긍정적인 영향을 미친다. 반면 이익잉여금을 적절히 사용하지 못할 경우 기업의 마진이 축소되고 이익률이 하락하게 된다.

12. 이 기업은 경쟁업체가 앞으로 무엇을 할 것인지 알고 미리 대비하고 있는가?

나는 어떤 기업이든 경쟁업체가 앞으로 무엇을 할 것인지 최소한 대략적이나마 알고 있는 것이 바람직하다고 생각한다. 미국의 주택용품 소매업체인 로웨Lowe가 매장을 확장할 계획이라면 이는 경쟁업체인 홈디포Home Depot에 타격이 될 수 있다. 할인점인 월마트가 공격적인 성장전략을 세웠다면 이는 대부분의 유통업체에 악재가 된다. 한 자동차회사가 판매를 늘리기 위해 할인혜택이나 현금 보상 서비스를 확대한다면 다른 자동차회사들도 마진이 줄어드는 것을 감수하고 비슷한 판촉활동을 벌여야 한다. 펩시콜라가 새로운 음료수를 출시해 큰 성공을 거뒀다면 코카콜라는 경쟁할 만한 새로운 음료수를 내놓지 못할 경우 시장점유율이 하락한다. 이 세상 어떤 사람도 홀로 떨어져 다른 사람의 영향을 받지 않고 살 수 없는 것처럼, 이 세상 어떤 기업도 다른 기업이 무얼 하든 전혀 상관없이 사업을 할 수는 없다. 이 세상 모든 기업이 매출액과 이익을 빼앗길 수 있는 경쟁 상태에 놓여 있다. 지금은 경쟁 상태에 놓여 있지 않다고 해도 언젠가는 경쟁에 직면하게 된다.

13. 같은 산업에 속한 다른 기업과 비교할 때 재정적인 상태는 어떤가?

나는 투자할 기업을 선택할 때 경쟁구도에서 앞서나갈 수 있는 재정 상태를 갖췄는지 알아본다. 새로운 경쟁에 직면하더라도 투자한 자본에서 창출되는 이익, 즉 자본이익률ROC이 똑같이 유지될 수 있는가? 경쟁업체보다 부채가 더 많은가, 아니면 더 적은가? 경쟁 기업보다 부채가 더 많다면 이자부담이 커서 향후 몇 년간 경쟁에서 앞서나가기 어려울 수도 있다. 다른 기업과 비교할 때 주식시장의 평가는 어떤가? 예를 들어 똑같은 식품업체인데도 하인즈의 주가는 이익 대비 20배인데 크래프트는 이익 대비 15배밖에 안 된다. 왜 이런 차이가 생기는가? 다른 투자자들이 알고 있는 어떤 부분을 나는 혹시 놓치고 있는 것이 아닌가?

14. 이 기업은 매각하면 어느 정도의 가격을 받을 수 있을까?

주식의 가치를 평가할 때 이 질문의 중요성은 점점 더 커지고 있다. 나는 1970년대부터 기업이 매각될 때의 가격을 기준으로 주식의 가치를 평가했다. 당시 TV 방송사들의 주가는 비슷한 다른 기업이 매각될 때 평가받는 가격보다 훨씬 낮았다. 예를 들어 당시 방송사 인수 가격은 현금흐름 대비 10배가 기준이었으나 나는 스토러 브로드캐스팅의 주식을 현금흐름 대비 5배 가격에 살 수 있었다. 스토러 브로드캐스팅은 훗날 현금흐름 대비 5배보다 훨씬 더 높은 가격에 팔렸다. 1980년대 중반에는 이러한 기준으로 제너럴 푸드를 비롯한 몇 개 식품회사에 투자해 큰 성공을 거뒀다. 기업이 매각될 때의 가격을 계산해 주식의 가치를 평가하는 방법은 이제 주식투자의 일반적인 관행이 됐다. 나는 투자할 주식을 고를 때마다 최근에 있었던 비슷한 기업의 인수합병이나 사업 부문 매각 때 가격이 이익과 순자산 대비 어느 정도인지 조사해 참조한다.

15. 자사주 매입 계획이 있는가?

나는 기업의 자사주 매입 공시에 주목했다가 분기 실적 때마다 발행주식 수를 조사해 실제로 자사주 매입이 이뤄졌는지 확인한다. 자사주 매입을 공시한 기업이 모두 다 자사주를 매입하는 것은 아니다. 경영진의 스톡옵션 행사로 늘어난 발행주식 수를 줄이기 위해 자사주를 매입하는 경우도 있다. 이 경우 자사주 매입으로 인한 발행주식 수의 축소는 기대하기 어렵다. 현 수준의 발행주식 수를 유지할 뿐이다. 따라서 나는 기업이 자사주를 실제로 매입했는지, 그 결과 발행주식 수가 줄어들어 내가 가진 1주의 가치가 높아졌는지 반드시 확인한다.

16. 주요 주주나 임원이 주식을 사고 있는가?

기업의 내부자인 주요 주주나 임원이 회사 주식을 사고 있는가, 팔고 있는가? 기업 내부자가 주식을 사고 있다면 기업의 전망을 밝게 보고 있다는 긍정적인 의미다. 반면 기업 내부자가 회사 주식을 팔고 있다면 여러 가지 이유가 있을 수 있으므로 반드시 부정적인 신호로 해석하기는 어렵다. 새 집을 사거나 자녀의 대학 등록금을 마련하기 위해 주식을 팔 수도 있고, 투자자산을 다각화하고 싶어 주식을 팔 수도 있다. 따라서 기업 내부자가 주식을 매도할 때는 추이를 지켜봐야 한다. 기업 내부자가 회사 주식을 가끔 파는 것이라면 별 의미가 없다. 그러나 기업 내부자가 회사 주식을 지속적으로 꾸준히 팔고 있다면 주목해야 한다. 이는 주요 주주나 임원이 회사의 주가가 실제 가치보다 높다고 판단하고 있으며, 따라서 주가가 높을 때 이익을 실현하고 나가자는 생각을 갖고 있다는 분명한 신호가 된다.

지금 소개한 16가지 질문에 하나하나 대답해나가면 가치투자의 첫 번째 관문을 통과한 투자 후보 기업들을 좀 더 상세히 이해할 수 있다. 이 16가지 질문을 해보면 어떤 기업이 비용을 잘 관리하면서 성장해나갈 수 있는지, 그래서 궁극적으로 주가를 높일 수 있는지 판단할 수 있을 것이다. 이 16가지 질문을 통과한 기업이야말로 성장 잠재력을 가진 유망한 주식으로 가치투자의 대상이 될 자격을 갖추고 있다.

3장

―

해외로
눈을 돌려라

13. 해외로 눈을 돌리면 기회가 두 배로 늘어난다

해외 투자는 위험을 분산시킨다

왜 굳이 해외 주식에 투자해야 할까? 지금 살고 있는 나라에서도 찾아보면 좋은 투자기회가 많지 않은가?

그러나 투자를 쇼핑이라고 생각해보라. 이 세상에 수없이 많은 상품들을 내버려두고 왜 국산품만 고집해야 하는가? 인터넷의 등장으로 외국 상품도 쉽게 살 수 있게 됐다. 국산품으로 쇼핑을 한정시킨다는 것은 좋은 상품을 싸게 살 수 있는 기회를 차단해버리는 셈이다.

주식도 마찬가지다. 더 좋은 투자기회가 있다면 굳이 자국 주식만 고집할 필요는 없다. 미국 주식시장은 전 세계에서 가장 크다. 전세계 주식시장에 상장된 2만 개 이상의 기업 중 거의 절반이 미국에서 거래되고 있다. 미국 주식시장이 워낙 크다 보니 미국 투자자들은 다른 나라 주식에 관심을 가질 필요도 없어 보인다. 그러나 시야를 전 세계 주식시장으로 넓히면 싸고 좋은 주식을 발견할 수 있는 기회가 2배로 커진다.

내가 가치투자의 원칙을 다른 나라 주식에 적용하게 된 계기는 해외에서 활동하고 있는 친구들과 고객들 덕분이었다. 외국에 살고 있는 사람들과 얘기하면서 세계 곳곳에 내재가치보다 할인된 가격으로 팔리는 주식들이 매우 많다는 사실을 알게 됐다.

내가 다른 나라 주식시장에 처음으로 투자하기 시작한 것은 1980년대 초였다. 그때 나의 오랜 파트너인 존 스피어스John Spears는 퇴직 후 카리브해 바베이도스에 살고 있던 지인으로부터 일본의 보험회사를 주목해보라는 조언을 들었다. 그는 그레이엄의 투자회사에서 일했던 사람으로 가치투자에 대해 잘 알고 있었다. 그는 일본 보험회사들의 시가총액이 장부가치(순자산가치)의 3분의 1에 불과하다고 말했다. 당시 일본 주식시장은 상승세를 타고 있었고 도쿄 증권거래소에는 가치주라 할 만한 싼 주식이 거의 없었다. 따라서 일본 주식시장에서 장부가치의 3분의 1 수준에 팔리는 주식을 발견한다는 것은 황무지에서 다이아몬드를 발견하는 것과 같았다.

존은 흥분해서 일본 보험회사들이 발표한 재무제표에서 장부가치를 살펴봤다. 하지만 실망스럽게도 모든 보험회사의 장부가치가 주가와 비슷한 수준이었다. 존은 자신이 조사한 내용을 바베이도스에 살고 있던 지인에게 전했다. 그러자 그는 일본 보험회사가 발표하는 장부가치는 자산을 매입할 때 가격으로 계산한 것이라고 설명했다. 즉 일본 보험회사들은 유가증권 등 보유하고 있는 자산의 가치를 현재 시세가 아니라 그 자산을 샀을 때 가격으로 계산했다. 일본 경제가 성장하고 주식시장이 상승하면서 일본 보험회사들이 보유하고 있는 자산은 시가 기준으로 크게 올랐으나 보험회사들의 재무제표에는 옛날 매입할 때 가격이 기재돼 있었다.

　당시 이러한 정보는 널리 알려져 있지 않았지만 도쿄 증권거래소에는 보고되고 있었다(물론 일본어로 말이다). 그래서 우리는 일본어에 능통한 사람을 찾아 일본 보험회사들의 자산상태에 대해 분석해달라고 부탁했다. 분석 결과 보험회사의 자산을 시가로 평가하면 순자산가치가 재무제표에 기재된 장부가치보다 3배 이상 늘어났고, 일본 보험회사의 주가는 시가로 평가한 순자산가치의 3분의 1에 불과했다. 우리는 보물을 발견한 사람처럼 흥분해서 8개의 일본 보험회사 주식을 매수했다. 6개월 후 일본 정부는 재무제표에 기재하는 보유자산의 가치평가 방식을 매입가 기준에서 시가 기준으로 바꾸도록 했다. 그 결과 일본 보험회사들의 실제 자산가치가 드러났고 주가는 급등했다. 투자의 세계에도 행운은 분명 존재하는 것 같다!

　내가 다른 나라 주식에 다시 투자하게 된 것은 1980년대 중반이었다. 그때 나는 유럽을 여행하면서 기업인들을 만나 얘기를 나눌 기회가 있었다. 이 경험을 통해 나는 유럽 기업인들도 내가 알고 있는 미국 기업인들과 다를 것 없다는 사실을 알게 됐다. 유럽 기업인들도 매일 아침 출근해 회사의 매출을 점검하고 이익을 늘릴 수 있는 방법을 고민했다. 다만 당시 유럽은 미국만큼 주식투자가 활발하지 않았다. 주식투자가 일반화되어 있지 않다는 것은 좋은 주식을 싸게 살 수 있는 기회가 풍부하다는 의미다. 나는 미국에서 멀리 떨어져 있는 유럽의 기업이란 이유로 조사를 미루지 않았다. 여행에서 돌아온 즉시 유럽 기업에 대한 조사에 착수했다. 그 결과 몇몇 유럽 기업들은 미국 기업들과 비교할 때 주가가 이익이나 자산가치에 비해 엄청나게 싸게 형성돼 있다는 사실을 알게 되었다.

예를 들어 카네이션과 제너럴 푸드 같은 미국 식품회사의 주가는 세전 이익의 6~10배 정도인데 영국의 위스키 회사 디스틸러스의 주가는 세후 이익의 4.5배에 불과했다. 디스틸러스의 유일한 단점이라면 마거릿 대처 총리 재임 초기(1979년 취임) 경제적 어려움을 겪고 있던 영국에 본사를 둔 회사라는 것뿐이었다. 디스틸러스는 그 후 1년도 되지 않아 1년 전 시가총액의 2배 가격에 다른 회사에 인수됐다. 나는 담배회사, 보험회사, 은행처럼 일상생활에서 쉽게 접할 수 있는 평범한 기업들 가운데에서 매우 뛰어난 가치투자의 기회를 발견할 수 있었다.

이러는 사이에 나는 자연스럽게 전 세계 주식시장으로 시야를 넓혀 싸고 좋은 주식을 찾는 데 더 많은 관심을 갖게 됐다. 당시에는 내가 미국 주식시장에서 투자기회를 찾을 때 사용하는 체계화된 방식으로 유럽과 아시아 주식시장에 접근하는 것이 쉽지 않았다. 미국에서는 증권거래위원회SEC에 보고되는 상장기업들의 회계보고서를 포함한 각종 재무정보들을 손쉽게 얻어 활용할 수 있었다. 덕분에 다양한 가치투자의 기회를 빠르고 쉽게 파악할 수 있었다. 그러나 미국 이외의 다른 국가에서는 미국과 같은 기업 데이터베이스

자체가 존재하지 않는 경우도 많았다.

당시 우리 고객 중에 영국 런던에서 투자은행가로 일하는 사람이 있었다. 그는 유럽에는 주식시장의 등락과 관계없이 기업 하나하나의 가치에 초점을 맞춰 투자하는 사람이 거의 없다며, 우리에게 가치투자의 원칙을 유럽 주식시장에도 적용해보라고 권했다. 유럽 투자자들은 거시적인 관점에서 전반적인 경제와 주식시장의 움직임만 보고 투자할 뿐 개별 기업의 가치에는 큰 관심을 쏟지 않는다는 설명이었다. 이런 얘기를 들을 때마다 우리는 미국 외의 다른 나라 주식시장에서 거래되는 1만 1,000개의 기업들을 쉽게 분석해 투자 기회를 골라낼 수 있는 데이터베이스가 없다는 대답밖에 할 수 없었다.

하지만 이러한 상황은 1990년대 초부터 바뀌기 시작했다. 이때부터 외국 기업들의 재무정보에 관한 체계화된 데이터베이스들이 등장했다. 우리는 외국 기업들에 관한 여러 가지 데이터베이스를 종합해 가치투자의 기회를 찾기 위해 본격적인 분석에 착수했다. 외국 기업들에 대한 데이터베이스는 질과 깊이 면에서 달랐지만 이들을 연결하고 종합해 싸고 좋은 주식을 선별해낼 수 있는 체계를 구축했다. 나는 금융회사에서 일하고 있는 오랜 친구에게 이 사실을 알렸고, 그 친구는 우리의 첫 번째 해외 투자 고객이 되었다.

투자 전문가들과 자산관리 전문가들 대부분이 투자의 기회를 넓히고 위험을 분산시키기 위해 다른 나라 주식시장으로 투자자산을 다각화하라고 권한다. 해외 주식시장에 투자하면 자국 주식시장이 하락할 때 손실의 위험을 줄일 수 있다. 물론 전 세계 경제가 점점 비슷하게 움직이면서 전 세계 주식시장 역시 동조화하는 경향이 강해지는 것은 사실이다. 미국 주식시장이 급락하면 영국 주식시장 역시 타격을 받는다. 오늘 일본에서 일어난 사건이 내일 프랑스 주식시장에 영향을 미칠 수 있다. 1970년대 초에 미국에서 있었던 대대적인 주식 매도 사태, 1987년 10월의 주가 대폭락인 블랙 먼데이, 2000년의 기술주 거품 붕괴는 모두 전 세계 주식시장으로 파급됐다. 따라서 투자지역을 다각화한다 해도 투자위험을 크게 줄이기는 어려운 것처럼 보인다. 주가 하락과 마찬가지로 주가 상승도 전 세계에서 비슷하게 나타난다. 예를 들어 2003년부터 시작된 미국 주식시장의 상승세는 전 세계 주식시장으로 확산돼 동반 상승의 양상을 보였다.

그러나 전 세계 주식시장이 전체적으로 서로 비슷하게 움직이는 것처럼 보여도 각 나라마다 경제적 상황이 다르기 때문에 투자하기에 더 좋은 지역은 존재하게 마련이다. 예를 들어 1998년 미국 주식시장에서 기술주들이 급등하기 시작했을 때 유럽과 일본의 주식은 미국에 비해 훨씬 싸게 거래되고 있었다. 당시 미국에서는 가장 싼 주식이 장부가치 대비 1배, 이익의 8배 수준이었다.

그러나 유럽에서는 가장 싼 주식이 장부가치 대비 0.8배, 이익의 6배 수준이었고, 일본에서는 장부가치의 절반 수준에 팔리는 주식도 있었다. 1998년에 아시아 주식시장이 외환위기로 폭락했을 때 아시아 선진국에는 내재가치에 비해 대폭 할인된 가격에 팔리는 좋은 주식들이 수두룩했다. 당시 미국에서는 싸면서 좋은 주식을 발견하기가 '하늘의 별 따기'만큼 어려운 때였다.

1980년대 말 서독과 동독이 통일했을 때는 유럽 주식시장에 미국 주식과 비교해 싼 주식이 넘쳐났다. 당시 통일된 독일 재무부는 가치가 낮은 동독 마르크화를 서독 마르크화로 통일시키기 위해 서독 마르크화를 많이 찍어내야 했다. 통화 발행량이 늘어나자 금리가 뛰었다. 금리 상승은 주식시장 최대의 적이다. 금리가 오르면 은행에 돈만 넣어두어도 높은 이자를 받을 수 있는데 왜 굳이 손실위험을 안고 주식에 투자하겠는가? 그 결과 독일은 물론 유럽 주식시장 전체가 큰 폭으로 하락했고, 유럽 주식시장에는 미국에 비해 훨씬 더 싸면서 좋은 주식들이 많이 생겨났다.

외국에서 거래되는 주식이라고 해서 잘 알려지지 않은, 규모도 작고 위험한 주식을 상상하진 말라. 외국에도 세계화된 우량 기업들이 많다. 매출액 순으로 전 세계 20대 기업 가운데 12개가 유럽이나 아시아에 있다. 세계에서 가장 큰 정유회사는 영국에 있고, 세계 5대 자동차회사 중 3개는 독일과 일본에 있다. 우리가 일상생활에서 쉽게 접하는 상품과 서비스 중 상당수가 외국 기업이 제공하는 것이다. 많은 미국인들이 도요타의 렉서스(일본)를 운전하고 하이네켄(독일)이나 조니워커(영국) 소다를 마신다. 또 알레르기 치료를 위해 글락소 스미스 클라인Glaxo Smith Kline의 프로나제(영국)를 사용하고 악사AXA(프랑스)나 알리안츠Allianz(독일)의 보험에 가입한다. 소니나 도시바(일본)가 만든 DVD 플레이어로 영화를 보고 캐논(일본) 카메라에 후지필름(일본)을 넣어 사진을 찍는다. 이런 세상에서 한 나라의 주식에만 투자한다는 것은 기회를 외면하는 어리석은 짓이다. 시야를 전 세계로 넓히면 가치에 비해 싸게 거래되는 좋은 주식을 발견할 수 있는 기회도 넓어진다. 특히 당신이 살고 있는 나라의 주식이 비쌀 때 다른 나라에서 더 싼 주식을 찾아 투자할 수 있다.

게다가 외국 기업의 주식을 사고파는 것이 과거에 비해 훨씬 간편해졌다. 국가 간 금융시장의 장벽이 낮아지면서 선진국의 경우 외국 주식을 사고파는 것이 자국 주식을 거래하는 것이나 별 차이가 없게 됐다. 또 세계적인 경쟁력을 갖춘 기업은 미국을 비롯한 여러 나라의 증권거래소에 함께 상장하는 관행도 일반화됐다. 미국 증권거래소에 상장된 외국 기업의 주식은 보통 미국예탁증권ADR의 형태로 거래된다. ADR는 미국에서 외국의 주식을 직접 매매하는 데 따른 어려움을 덜기 위해 도입된 증권이다. 원래 주식은 그 주식이 발행된 외국의 은행에 있고, 이 주식을 담보로 미국 은행이 발행하는 대체증권이 ADR다. 현재 미국에는 2,200종류의 ADR가 거래되고 있다. ADR에는 글락소 스미스 클라인, 도요타, 네슬레 등 세계적인 기업들이 포함돼 있다. 또 증권 중개업이 세계화되면서 미국 주식시장에 상장되지 않은 외국 주식이라 해도 어떤 증권사를 통해서든 매매가 가능해졌다.

매출액 기준 전 세계 20대 기업

기업	산업	매출액(10억 달러)	국가
월마트	유통회사	285	미국
BP	정유회사	285	영국
로열더치/쉘	정유회사	265	네덜란드
엑슨모빌	정유회사	263	미국
다임러 크라이슬러	자동차회사	193	독일
포드	자동차회사	170	미국
도요타	자동차회사	165	일본
GE	항공엔진·발전설비 의료기기·금융 등	152	미국
셰브론	정유회사	142	미국
토털	정유회사	131	프랑스
폭스바겐	자동차회사	120	독일
코노코필립스	정유회사	118	미국
알리안츠	금융회사	112	독일
씨티그룹	금융회사	108	미국
NTT	통신회사	106	일본
AXA	금융회사	97	프랑스
IBM	IT 서비스 회사	96	미국
AIG	금융회사	95	미국
지멘스그룹	전기·전자회사	93	독일

자료: 〈글로벌 2,000대 기업〉,《포브스》, 2005년 3월 31일 기준

14. 로마에 가면 로마법을 따르라

해외 주식에 투자하려면 외국의 회계기준을 이해하라

해외 주식에 투자한다고 하면 아직도 많은 사람들이 어느 정도 두려움을 갖고 있는 것이 사실이다. 잘 모르는 미지의 세계에 투자한다는 것 자체가 손실의 위험을 키우는 것처럼 느껴지기 때문이다. 나 역시 해외 주식에 처음 투자할 때 이런 두려움을 가졌다.

해외 주식에 투자한다고 할 때 느끼는 두려움은 아마도 미국인들이 조금 더 심하지 않을까 싶다. 미국 주식시장은 세계에서 규모가 가장 크기 때문에 다양한 투자욕구를 충분히 충족시켜줄 수 있다. 따라서 미국인들은 굳이 외국으로까지 나갈 필요가 있을까 하는 의구심을 갖는 것 같다. 미국에는 주가조작과 투기, 분식 회계 등을 감시하고 규제하는 증권거래위원회SEC가 있어 좀 더 안전하다는 느낌이 든다. 아울러 미국은 회계기준이 잘 정비돼 있어 기업에 대한 분석과 비교가 용이하다.

이 때문인지 미국인들은 외국 기업의 경우 회계기준이 미국만큼 정확하고 공정한지 미심쩍어하는 경향이 있다. 때론 유럽이나 일본의 회계규정이 충분히 투명하지 않아 기업의 재무상황을 제대로 알아낼 수 없다는 불평도 한다. 그러나 나는 이런 생각에 동의하지 않는다. 만약 어떤 나라의 회계기준이 미국과 다르다면 그 나라의 회계기준을 배우면 된다. 스위스 취리히의 펀드매니저가 미국의 일반 회계기준GAAP을 배울 수 있다면 나도 스위스의 회계기준을 배울 수 있다. 게다가 최근에는 대부분의 기업들이 표준화된 국제 회계기준을 사용하고 있기 때문에 세계 각국의 기업 재무제표를 이해하기가 훨씬 더 쉽고 간편해졌다.

회계기준이 다르면 기업의 재무제표를 이해하는 데 다소 문제가 있을 수 있지만, 반대로 새로운 기회가 생길 수도 있다. 예를 들어 미국 기업들은 회계장부를 2개 작성한다. 하나는 주주들에게 보고하기 위한 것이고, 하나는 법인세 납부를 위한 것이다. 법인세 납부용 회계장부에는 감가상각 기간이 짧게 기재된다. 이는 미국 국세청IRS이 공장 등에 대한 설비투자를 독려하기 위해 감가상각 기간을 빠르게 할 수 있도록 허용하고 있기 때문이다. 감가상각 기간을 빠르게 하면 설비를 교체해야 하는 기간이 단축되고 결과적으로 같은 기간에 더 많은 설비투자를 해야 한다. 기업 입장에서는 감가상각 기간을 단축시키면 이익이 줄기 때문에 법인세를 줄일 수 있다.

그러나 감가상각 기간을 짧게 하면 자산의 유효수명을 제대로 반영하지 못한다. 따라서 주주들에게 보고하는 회계장부에는 감가상각 기간을 현실적으로 좀 더 늘려 잡는다. 이렇게 하면 이익이 법인세 납부용 회계장부에 비해 늘어나게 된다. 이는 미국에서 전혀 불법이 아니다. 미국 세법이 기업들의 투자를 유인하기 위해 허용하고 있는 것이다.

반면 유럽 대부분의 국가에서는 회계장부를 오직 1가지로만 작성해야 한다. 따라서 주주들은 국세청에 제출되는 것과 똑같은 회계장부를 보게 된다. 이 때문에 유럽 기업들의 재무제표에는 감가상각 기간이 필요 이상으로 짧게 잡혀 있는 경우가 많았고, 결과적으로 이익이 실제보다 과소 평가돼 반영되는 경우가 많았다.

우리가 1990년대 초 스위스에서 발견했던 초콜릿 회사 린트&슈프룅리L&S는 이러한 회계기준의 차이로 인해 숨겨져 있던 보석 같은 주식이었다. 우리가 L&S에 주목했을 때 주가는 1만 2,000 스위스프랑으로 이전 최고치에 비해 60%나 떨어진 상태였다. 주당 순이익EPS은 1,121프랑으로 주가수익비율PER이 10.7배였다. 이 정도 PER는 L&S가 초콜릿 시장에서 차지하고 있는 우월적인 위치와 유럽의 다른 제과업체가 세전 이익의 10배 이상으로 매각됐다는 점을 감안할 때 그리 나쁘지 않은 가격이었다.

당시 L&S의 주가가 하락했던 이유는 2가지였다. 첫째, 스위스 주식시장이 유례없는 높은 물가 상승으로 하락하고 있었다. 당시 스위스의 물가 상승률은 3.5%였다. 다른 나라라면 그리 걱정할 만한 수준도 아니겠지만 스위스는 물가 상승률이 거의 1% 미만으로 유지돼왔기 때문에 3.5%는 충격적인 수준이었다. 둘째, L&S 내부적인 문제가 겹쳤다. L&S의 대주주인 슈프링리가 아내와 이혼하고 미국 여자와 재혼했다. 스위스 투자자들은 슈프링리가 새 아내를 이사로 임명할지도 모른다고 생각하고 L&S 주식을 매도하고 있었다. 그러나 스위스 금융회사에서 일하는 친구의 말을 들어보니 그런 일은 일어나지 않을 것 같았다. 슈프링리의 이혼한 아내는 자녀들과 주식을 합하면 슈프링리보다 지분이 더 많은 데다 슈프링리가 재혼한 아내를 이사로 임명할 경우 슈프링리를 해고하겠다고 공언했다는 설명이었다.

L&S에 주목해 회계장부를 자세히 분석한 결과 이익이 너무 낮게 평가돼 있는 것 같았다. L&S의 손익계산서에는 감가상각비와 무형자산상각비가 4,700만 스위스프랑으로 계상돼 있었다. 이는 L&S가 가진 1억 2,400만 스위스프랑의 유무형 고정자산이 매년 37.7%씩 가치를 상실해가고 있다는 뜻이다. 회계장부상으로 보면 L&S의 유무형 고정자산은 2.6년마다 가치를 완전히 소멸하게 된다. 이는 너무 빠른 것 같았다. 게다가 스위스 사람들은 무엇이든 정확하고 튼튼하게 만드는 것으로 정평이 나 있지 않은가. 예를 들어 공장을 2.6년마다 새로 지어야 한다는 것은 너무 심하지 않은가. 감가상각 기간을 이처럼 짧게 잡는 이유가 뭐냐고 물어보자 회사 측은 대주주인 슈프링리가 보수적이기 때문이라고 대답했다.

우리는 적정 감가상각비를 계산하기 위해 유럽의 대표적인 식품회사인 네슬레의 감가상각비 계산방법을 조사했다. 네슬레는 매년 매출액의 3.5%를 감가상각비로 제하고 있었다. 이는 식품업계에서 가장 높은 수준이었다. 식품업계 평균은 2.5%였다. 이를 기준으로 L&S의 감가상각비를 계산해보니 매출액 대비 6%였다.

우리는 네슬레와 식품업계의 평균인 매출액 대비 3%를 감가상각비로 정하고 이를 L&S에 적용했다. 이렇게 하자 L&S의 감가상각비는 회계장부에 기록된 4,690만 스위스프랑에서 2,310만 스위스프랑으로 절반이 줄었다. 결과적으로 L&S의 세전 이익은 2,380만 스위스프랑이 늘어났다. 늘어난 이익에 스위스의 법인세율 35%를 적용하니 세후 이익이 총 1,550만 스위스프랑, 주당 468 스위스프랑이 늘어났다. 이렇게 조정해서 다시 계산해보니 L&S의 주당 순이익EPS은 1,590 스위스프랑으로 늘어났고, PER도 10배에서 7.5배로 낮아졌다. 당시 PER 7.5배면 전 세계 주요 소비 제품 회사 중에서 가장 낮은 수준이었다. 이처럼 외국의 회계기준이 다를 수 있다는 사실을 알고 그 차이를 이해하면 믿을 수 없을 만큼 좋은 투자기회가 열린다.

해외 투자에 눈을 돌리고 처음 외국 기업들의 회계보고서를 조사하기 시작했을 때 나는 유럽 기업들의 재무제표가 온갖 편법과 왜곡의 온상이 아니라 오히려 보물지도와 같다는 사실을 알게 됐다. 유럽 기업들은 여러 가지 이유로 자산을 감추거나 이익규모를 축소해 발표하는 경향이 있었다. 이익이 많이 났다고 발표하면 필요 이상으로 법인세를 내야 하거나 투자자들의 기대감이 너무 높아질 수 있기 때문이다. 1990년대 초 스위스의 대형 제약회사인 로슈Roche도 그랬다.

기본적으로 어느 한 해 기업의 순자산은 전년도 순자산에 그해에 주주들에게 지급한 배당금을 제외한 나머지 이익을 더한 것이다. 따라서 통상 기업의 순자산은 이익과 비슷한 속도로 늘어난다. 그러나 로슈는 그렇지 않았다. 조사해본 결과 몇 년간 로슈의 순자산은 배당금을 제외한 이익보다 더 빠르게 증가했다. 좀 더 깊이 분석해보니 로슈는 예상치 못한 사고에 대비해 충당금을 쌓아두고 있었다. 충당금을 쌓으면 이익은 줄어든다. 그렇다면 로슈는 왜 충당금을 필요 이상으로 적립하고 있었을까? 그 사정이야 누가 알겠는가. 다만 로슈는 회계상 이익을 좀 더 보수적으로 관리하기를 원했던 것 같다. 이익이 많이 난 해에는 더욱 그랬다.

　예상치 못한 불의의 사태에 대비해 충당금을 쌓는 것은 전혀 법에 어긋나지 않는다. 예를 들어 상품 결함으로 거액의 소송을 당할 수도 있고, 돈이 많이 투입되는 계약을 맺어야 할 수도 있다. 지금 비용이 발생하지 않는다 해도 이러한 잠재적인 손실에 대비해 이익에서 예상 손실액을 제해 충당금을 쌓아둘 수 있다. 은행은 회계를 처리할 때 항상 충당금을 쌓아둔다. 은행의 주요 업무 중 하나는 대출인데 때로는 빌려준 돈을 돌려받지 못하는 경우도 생긴다. 이 때문에 은행은 대출해준 돈을 받지 못할 경우에 대비해 빌려준 돈의 일부를 충당금으로 쌓아두는 것이다.

　하지만 로슈의 충당금에는 의문의 여지가 많았다. 예를 들어 로슈의 공장이 있는 스위스 추크에 지진이 발생해 공장이 무너질 경우에 대비해 1억 5,000만 스위스프랑을 적립해뒀다고 가정해보자.

추크에서는 지진이 발생한 적이 한 번도 없기 때문에 스위스 국세청은 법인세를 내기 전의 이익에 대해서는 충당금을 쌓지 못하도록 한다. 법인세를 내기 전에 가능성이 낮은 사건에 대비해 충당금을 쌓을 수 있도록 하면 필요 이상으로 충당금을 쌓아 이익을 축소시켜 법인세를 줄일 수 있기 때문이다. 이 때문에 로슈는 법인세를 다 낸 뒤 남은 이익에서 1억 5,000만 스위스프랑의 돈을 적립한다. 이 말은 곧 세후 이익에서 1억 5,000만 스위스프랑이 사라진다는 뜻이 된다.

몇 년 후에 로슈는 이 1억 5,000만 스위스프랑의 충당금을 회계장부상 다른 계정으로 옮기기로 한다. 미국에서는 이런 경우에 충당금을 다시 이익에 더해 발표해야 한다. 원래 충당금은 이익에서 빼내어 쌓아뒀던 것이기 때문이다. 그러나 스위스에서는 필요 없어진 충당금을 다시 이익으로 전환시키지 않아도 된다. 이 때문에 로슈는 충당금을 그냥 자산가치, 즉 장부가치에 더해버린다. 따라서 이 충당금은 주주들에게 발표되는 이익으로는 단 한 번도 모습을 드러내지 않게 된다.

나는 유럽 기업들을 조사하면서 이러한 회계기준의 차이를 많이 발견했다. 미국과 다른 유럽의 회계기준은 대개 미국 회계기준에 비해 주주들에게 보고되는 이익이나 순자산가치를 낮추는 결과를 낳았다. 따라서 미국 기업들 가운데 저평가된 주식을 찾는 것이 광산을 찾아다니는 것과 비슷하다면, 미국과 다른 유럽의 회계기준을 발견하는 것은 보물찾기 같았다.

미국 기업들은 가능한 한 실적을 높게 평가해 주주들에게 보고하려고 한다. 실적에 따라 경영진에게 지급하는 보너스와 스톡옵션이 결정되기 때문이다. 유럽 기업들은 최근에야 경영진에게 스톡옵션을 부여하기 시작한데다 그 규모도 미국보다는 훨씬 낮다. 유럽과 일본 기업들은 전통적으로 현금을 확보하는 것에 관심이 많기 때문에 자산을 빠른 속도로 상각하는 경우가 많다. 이러한 회계 관행으로 인해 주주들에게 보고하는 이익은 줄어들고 기업 내부에 유보되는 현금은 많아진다. 유럽과 일본 기업들은 손익계산서의 이익을 늘리는 것보다 대차대조표의 자산상태를 건실하게 만드는 것을 더 중요하게 생각한다.

외국 주식에 투자할 때는 회계기준의 차이를 이해하기 위해 좀 더 노력을 기울여야 하지만, 이 노력은 쏟을 만한 가치가 있다. 숨겨져 있는 보물 같은 주식을 값싸게 살 수 있는 새로운 기회가 열리기 때문이다.

15. 해외 투자의 또 다른 변수, 환율

환율로 차익을 얻으려는 생각은 버려라

외국 주식에 투자하면 자국 주식에 투자하는 것과 비교해 또 하나의 중요한 변수가 생긴다. 바로 환율이다. 외국 주식은 그 나라의 통화를 기준으로 주가가 움직인다. 이 때문에 외국 주식의 가치는 주가는 물론이고 환율에 따라서도 영향을 받는다. 외국 주식이 그 나라 통화 기준으로 올랐다고 해보자. 하지만 그 나라 통화의 가치가 당신이 사는 나라의 통화가치에 비해 떨어졌다면 주가 상승으로 인한 이익은 줄어든다. 어떤 경우에는 통화가치 하락이 주가 상승에 따른 이익을 완전히 없애기도 한다. 심할 경우에는 결과적으로 손실이 나기도 한다. 예를 들어 미국인이 일본 주식에 투자했는데 주가가 올랐다고 해보자. 그런데 일본 엔이 미국 달러에 비해 가치가 큰 폭으로 하락했다. 이 경우 일본 주식을 팔아 엔으로 현금을 받으면 주가가 오른 만큼 차익을 얻는다. 그러나 이를 달러로 바꾸면 엔화 기준으로 계산한 이익은 줄어들거나 오히려 손해인 경우도 발생한다.

유로가 도입되기 전인 1980년대에는 유럽에 투자하려면 거의 20여 개나 되는 통화를 다뤄야 했다. 20여 개의 통화는 모두 다른 통화와 비교해 제각각 가치가 변동했다. 이탈리아의 리라가 스페인의 페세타와 비교해, 또 미국 달러와 비교해 가치가 어떻게 변했는지 이해하는 것은 아인슈타인의 연구만큼이나 복잡하고 어려웠다. 1970년대부터 1984년까지 영국, 프랑스, 독일, 네덜란드의 통화가치는 미국 달러 대비 45~58%나 폭락했다. 만약 미국 주식시장의 대표지수인 S&P500 지수가 비슷한 폭으로 떨어졌다면 투자자들은 쏜살같이 주식을 팔아치우고 안전한 현금으로 도망갔을 것이다. 1999년에 유로가 도입되면서 유럽 주식시장에서 환율변동의 위험과 복잡성은 크게 완화됐다. 이제 20여 개의 서로 다른 통화를 다룰 필요가 없어졌다. 선진국에만 투자하는 우리로서는 유로, 영국의 파운드, 스위스프랑, 일본의 엔만 취급하면 됐다.

하지만 취급하는 통화의 수가 줄었다 해도 해외 주식에 투자할 때 환율의 변화를 고려해야 하는 것은 마찬가지다. 환율은 전문가들에게도 복잡한 문제다. 오로지 주식의 가치에만 관심을 쏟고 환율에 대해선 고민하고 싶지 않다면 환 헤지Foreign Exchange Hedge를 하는 것이 좋다. 환 헤지는 환율변동의 위험을 분산시키거나 회피하기 위한 수단을 말한다. 환 헤지는 그리 어렵지 않다. 환 헤지란 어떻게 하는 것인지, 그리고 환 헤지를 하면 무엇이 달라지는지 예를 들어 생각해보자.

어떤 미국인이 1,000파운드 가치의 영국 주식 툴&다이를 샀다고 가정해보자. 툴&다이의 가치는 파운드로 표기되기 때문에 그는 툴&다이의 가치에 해당하는 만큼의 파운드를 소유하게 된 다. 툴&다이의 주가는 올랐는데 파운드의 가치는 떨어졌다고 해보자. 그럼 툴&다이를 팔고 파운드를 받아 달러로 바꿨을 때 주식 매매로 얻은 차익의 일부 또는 전부가 사라지게 된다. 반대로 주가는 떨어졌는데 파운드의 가치는 올랐다면 주식을 팔고 파운드를 받아 달러로 바꿨을 때 주가 하락으로 인한 손해가 줄어든다. 오히려 주가는 떨어져도 파운드 가치가 상승해 이익을 보게 될 수도 있다. 해외 주식에 투자하면 주가와 환율의 관계를 통해 이런 식의 조합을 여러 개 만들어낼 수 있다. 이는 매우 혼란스럽다. 그러나 영국 툴&다이를 매입하면서 불가피하게 소유하게 된 1,000파운드를 헤지한다면(당신의 목표는 주식투자지 파운드투자가 아니다.) 파운드의 환율변동에 영향을 받지 않는다.

환 헤지는 주로 선물환 거래를 통해 이뤄진다. 영국 주식 툴&다이를 매입하면서 소유하게 된 1,000파운드를 선물환 거래로 미리 팔아버리면 환 헤지가 되는 것이다. 나중에 툴&다이를 팔아 파운드를 받아 이것을 달러로 바꾸는 것이 아니다. 당신에게 지금 실제 파운드는 없다. 파운드로 가치가 표기되는 툴&다이가 있을 뿐이다. 그럼에도 당신은 툴&다이를 사자마자 툴&다이의 가치에 해당하는 만큼의 파운드를 미리 팔아버린다. 물론 지금은 파운드를 판다는 계약만 맺은 것이고 실제로 파운드를 건네주고 달러를 받는 시점은 툴&다이 주식을 파는 때이다.

그럼 선물환 거래를 하지 않았을 때와 무엇이 달라질까? 선물환 거래를 하지 않으면 툴&다이를 파는 시점의 환율에 따라 파운드를 팔아 받는 달러의 가치가 달라진다. 그러나 선물환 거래를 하면 1,000파운드를 팔면서 지금의 환율대로 훗날 달러를 받기로 약속하는 것이다. 나중에 툴&다이를 팔았을 때도 지금 환율대로 달러를 받는다. 결과적으로 그간의 환율변화에 영향을 받지 않는다. 선물환 거래에서 당신은 똑같은 가치를 지닌 2가지 자산 중 하나는 사고(주식) 하나는 파는(파운드) 것이다.

외국 주식에 투자할 때 굳이 환 헤지를 할 필요가 없다고 생각하는 사람들도 있다. 그들은 외국 주식에 투자할 때 동반되는 환율의 변화를 그대로 받아들인다. 외국 통화의 가치가 떨어져도 그대로 내버려둔다. 통상 10년 이상 장기적으로 투자하면 환 헤지를 했든 하지 않았든 투자 결과는 크게 달라지지 않는다고 보기 때문이다. 환 헤지를 하는 사람이나 환 헤지를 하지 않고 장기 투자하면 마찬가지라고 생각하는 사람이나 환율변동에 따른 수익변화에는 별 관심이 없다는 점에서 같다. 전자는 환율의 영향을 원치 않는 것이며, 후자는 아예 환율에 신경 쓰지 않는 것이다. 브란데스 인스티튜트 Brandes Institute의 최근 연구 결과도 장기 투자하면 환율의 변화가 별 의미 없다는 사실을 증명한다. 연도별 투자실적은 헤지를 한 경우와 헤지를 하지 않은 경우에 크게 차이가 났지만, 장기적으로는 환율변동에 따른 영향이 점점 사라져갔다. 따라서 환 헤지를 하든, 하지 않고 장기 투자하든 그것은 각자가 선택할 문제다.

문제는 환율변화에 따른 차익을 기대하면서 헤지를 했다가, 헤지를 하지 않았다가 왔다 갔다 하는 것이다. 환율변화를 예측하는 것은 불가능하기 때문에 이러한 전략은 전혀 효과가 없다. 브란데스 인스티튜트의 연구 결과도 마찬가지였다. 환율변화를 예측하며 환 차익을 노렸던 투자자들은 계속 헤지를 하거나 계속 헤지를 하지 않은 투자자들에 비해 오히려 수익률이 저조했다. 나는 해외 주식에 투자할 때 내가 아는 것은 기업을 분석하는 방법이지, 환율 예측은 아니라는 생각을 항상 한다. 나는 항상 내 능력범위 안에서 할 수 있는 최선을 다하기를 원한다. 능력 밖의 일은 시도하지 않으려 한다.

16. 선진국에 투자하라

절대 손해 보지 말라는 원칙은 해외 투자에서도 유효하다

나는 전 세계 주식시장에서 투자기회를 찾지만 기본적으로 스위스와 같은 선진국에 투자한다. 정부가 합리적이고 경제가 안정적인 나라를 원하기 때문이다. 내 경험상 개발도상국, 이른바 이머징마켓은 투자하기에 안전한 곳이 결코 아니었다. 이머징마켓은 경제성장 속도가 빠르다는 점 때문에 때로 깜짝 놀랄 정도의 수익을 선사해주지만 때로는 감당하기 어려운 충격적인 손실을 입힌다. 이 때문에 나는 이머징마켓에서 얻는 수익은 투기수익에 가깝다고 생각한다. 베네수엘라나 아르헨티나의 과거 사례를 떠올려보라. 이런 나라에 투자할 때는 안전마진이란 개념을 무시해야 한다. 돈을 잃어도 크게 개의치 않는다는 심정으로 게임을 즐기듯 투자해야 한다.

이머징마켓에서 성취했다는 놀랄 만한 성공 뒤에는 최소한 성공의 정도와 똑같은, 대개는 그보다 훨씬 더 큰 재난이 있게 마련이다.

나는 이머징마켓이 커다란 경제적 혼란과 어려움에 빠지는 것을 여러 차례 지켜봤다. 소련이 무너진 직후 러시아 주식시장은 민주화와 자본주의에 대한 기대감으로 마치 금광과 같은 곳으로 여겨졌다. 그러나 곧 물가가 치솟아 오르며 초인플레이션이 닥쳤다. 그러자 돈 냄새를 따라 발 빠르게 움직이는, 이른바 '똑똑한 투자자들'이 러시아의 단기 국채로 몰려들었다.

러시아 단기 국채는 살인적인 물가 상승률로 인해 수익률이 50%가 넘었다. 사실이라고 믿기에는 너무나 환상적인 수익률이었다. 하지만 얼마 뒤 러시아는 재정파탄으로 채무를 갚을 수 없다고 선언했다. 러시아 정부는 당장 돈이 필요해 높은 금리로 국채를 발행해 투자자들의 돈을 끌어다 썼지만 50%나 되는 높은 이자를 지불할 능력도, 국채 투자자들로부터 빌려 쓴 돈을 갚을 능력도 없었다. 결국 환상적인 금리를 좇았던 똑똑한 투자자들은 이자는커녕 원금까지 몽땅 날리게 될 처지에 몰렸다. 러시아가 외채에 대해 취했던 90일간의 지불유예(모라토리엄)와 이자동결을 해제할 때까지 러시아 통화인 루블화의 가치는 급격히 떨어졌고, 러시아에 투자했던 투기꾼들은 치명적인 손실을 입었다.

1990년대 초 멕시코는 투자자들에게 보석 같은 존재였다. 멕시코 주식시장은 상승세를 이어가며 역사상 최고치를 갈아치웠다. 멕시코는 시장경제를 이해하고 풍부한 천연자원을 앞세워 마침내 강력한 경제발전을 이룰 것처럼 보였다. 언론들은 앞다투어 멕시코가 민주화된 자본주의 체제를 확립했다고 선언했다. 그 후 정치적 암

살이 몇 번 일어났고, 얼마 뒤 멕시코 통화의 가치가 갑작스럽게 큰 폭으로 떨어졌다. 그제야 투자자들은 그동안 멕시코 주식시장의 상승을 이끈 것은 멕시코의 변화된 경제가 아니라 전 세계에서 몰려든 돈이었다는 사실을 알게 됐다. 결국 돈의 힘으로 올랐던 멕시코 주식시장은 폭락했고 투자자들에게 막대한 피해를 남겼다. 당시 빌 클린턴 미국 행정부가 자금을 지원해주지 않았다면 멕시코 경제는 파탄상태에 이르렀을 것이다.

1960년대 중반에 내 동생 월은 평화봉사단 소속으로 남미에 파견돼 일했다. 평화봉사단은 미국 정부가 개발도상국의 교육, 농업기술, 공중위생 등의 발전을 지원하기 위해 만든 단체다. 월은 남미에 머무르는 동안 법이 편의에 따라 때로는 지켜지고 때로는 무시되는 상황을 여러 번 겪었다. 남미에서는 법대로 일이 이뤄지지 않았다.

1980년대 초 심각한 경제위기를 겪었던 아르헨티나는 1990년대 들어 경제성장률이 급격히 높아지면서 주식시장이 급등했다. 그러나 이머징마켓의 과거 사이클로 보면 다시 거품이 터질 차례였다. 아니나 다를까, 아르헨티나는 2001년 12월 외국에서 빌린 돈을 일정 기간 갚지 않겠다는 채무상환 유예(모라토리엄)를 선언했다. 이어 2002년에는 아예 빚을 못 갚겠다는 채무상환 불이행(디폴트)을 발표했다. 가장 최근의 사례로는 베네수엘라와 볼리비아를 들 수 있다. 베네수엘라와 볼리비아는 사회주의 정권이 들어서면서 외국 기업들의 자산을 국유화시켜버렸다. 왜 이처럼 불안정한 나라에 투자해 마음을 졸여야 하는가?

동아시아는 1990대 말까지 투자자들에게 가장 각광받는 이머징 마켓이었다. 말레이시아, 싱가포르, 태국은 경제성장률이 8~12%에 달했다. 아시아의 놀랄 만한 경제성장은 '아시아의 기적'으로 널리 칭송받았다. 그러나 아시아의 경제가 생산성 향상으로 성장한 것이 아니라 외국 투자자들의 풍부한 자금 덕분에 부풀어 올랐다는 사실이 분명해지자 거품이 가라앉기 시작했다. 1994년 멕시코 경제위기의 아픔을 잊지 못하고 있던 투자자들은 1997년부터 동아시아에서 탈출을 감행했고, 이는 또다시 비극적인 결과를 낳았다. 태국 주식시장은 75% 이상 폭락했고, 필리핀 주식시장은 시가총액의 3분의 1이 날아갔다. 홍콩 주식시장은 1997년 10월 들어 3일간 23%나 급락했고, 홍콩 정부는 주식시장과 외환시장 안정을 위해 수십억 달러를 투입해야 했다. 말레이시아 주식시장도 50%나 떨어졌다. 아시아의 4마리 용 가운데 가장 안정적인 곳으로 여겨졌던 싱가포르 주식시장마저 60%가 추락했다. 이러한 급락은 안전마진으로 예방할 수 있는 위험이 아니다.

이머징마켓에는 어느 정도 거품과 붕괴의 사이클이 반복되는 것처럼 보인다. 이머징마켓에서 초기 투자자들이 높은 수익을 거두면 외국인 투자자금이 급격하게 들어오면서 돈의 힘이 경제를 투기적 거품의 수준까지 밀어 올린다. 돈의 힘으로 올라간 성장은 꺼지게 마련이다. 이런 방식으로 투자하는 것은 위험하다. 남들을 따라 덩달아 투자했다간 결국 빈손으로 남겨질 뿐이다.

내가 이 글을 쓰고 있는 중에 중국이 최고의 투자지역으로 부상

했다. 중국은 자본주의 질서를 빠르게 받아들이고 있는 것처럼 보인다. 중국은 세계에서 가장 많은 인구를 가진 가장 큰 시장이라는 강점을 안고 급속하게 성장하고 있다. 그럼에도 나는 중국 주식시장에 심각한 위험이 있다고 생각한다. 중국은 여전히 공산주의 국가이기 때문이다. 상하이 주식시장과 홍콩 주식시장에 상장된 중국 기업 대부분이 정부 소유거나 사실상 정부가 관리하고 있다. 중국 정부가 갑작스럽게 정책을 바꾼다 해도 투자자들은 스스로를 보호할 만한 대책이 마땅히 없다. 투자자들은 돈만 대고 그저 침묵할 수밖에 없다. 이러한 정부 정책의 변화, 정치 리스크에 대해서는 안전마진이란 것이 없다.

정부가 신뢰할 만하고 경제가 안정적인 나라에 역량을 집중하라. 그것이 아프리카 사바나 초원을 헤집고 다니거나 시베리아 스텝 초원을 탐험하거나 안데스 산맥을 오르는 것보다 훨씬 더 만족스러운 결과를 얻는 길이다. 안심하고 투자할 만한 곳으로는 서유럽 국가들과 일본, 캐나다, 뉴질랜드, 호주, 싱가포르 등을 들 수 있다. 홍콩 주식시장도 중국 기업 외에는 안정적이라고 생각한다. 나는 전 세계로 투자시야를 넓히되 안정적이고 민주적인 자본주의 국가에서 가치에 비해 싸게 팔리는 주식을 찾을 생각이다. 투자의 첫째 원칙은 손해를 보지 않는 것, 둘째 원칙은 첫째 원칙을 잊지 않는 것이기 때문이다.

4장

—

시장에서
승리하는 법

17. 투자는 단거리 달리기가 아니라 마라톤이다

중요한 것은 등락의 타이밍이 아니다
항상 주식시장에 머물러 있어야 한다는 것이다

많은 사람들이 주식시장에서 제일 높은 수익률을 가장 빨리 올릴 수 있는 방법은 정확한 시점을 노려 단기 매매하는 것이라고 생각한다. 시장의 등락에 맞춰 주식을 샀다 팔았다 하는 이른바 '마켓 타이밍' 전략이 최고의 전략으로 인식되고 있다. 인터넷에서 '주식 매매 타이밍'을 검색해보면 수많은 관련 정보들이 뜬다. 서점에도 주식매매 타이밍에 관한 책들이 즐비하다. 주식매매 타이밍이란 주가가 바닥일 때 사서 주가가 고점에 올랐을 때 파는 비법을 말한다. 인터넷이나 책을 보면 주식을 사고팔 최고의 타이밍을 잡기 위해 엄청난 연구와 고대 수학의 비율, 심지어 천문학까지 동원된다. 하물며 미국에는 미식축구 결승전인 슈퍼볼 경기 때 내셔널 풋볼 리그 소속의 팀이 이기느냐, 아메리칸 풋볼 리그 소속의 팀이 이기느냐에 따라 주식을 사야 하는지 팔아야 하는지 예측하는 사람들도 있다.

미국 주식시장에는 또 '5월에는 팔고 떠나라'라는 투자 격언도 있다. 이 격언을 그럴듯한 것처럼 말하는 사람들은 1년의 어느 달, 혹은 일주일의 어느 날은 주가가 대개 오르거나 혹은 떨어지거나 일관된 특징을 보인다고 믿는다. 그러나 나는 35년 이상 주식투자를 하고 있지만 진짜 효과가 있는 단기적인 매매 타이밍 전략을 발견하지 못했다. 오히려 매매 타이밍의 전문가인 척했던 수많은 사람들이 한때 엄청난 인기를 누리다가 한순간 허무하게 사라져가는 모습만 목격했을 뿐이다.

매매 타이밍의 전문가라고 자처하는 사람들이 단기적으로 맞추는 경우도 있었다. 또 한두 번은 놀랄 만큼 정확하게 시장의 등락을 예측해 사람들을 감탄하게 만들기도 했다. 그러나 결국 모두 예측이 어긋나 대중들로부터 외면당했다. 나는 계속해서 정확하게 시장이 오를지 떨어질지 맞추는 방법은 이 세상에 없다고 확신한다. 학자들의 연구 결과도 나의 이런 믿음이 옳다고 증명한다.

주가의 등락을 맞추는 게임에 골몰하는 것보다는 상승 잠재력이 높은 가치주에 투자한 뒤 기다리는 것이 훨씬 낫다. 타이밍을 맞춰 가며 시장을 들락날락하는 것보다는 가치주에 투자한 뒤 진득하게 시장에 머물러 있는 것이 훨씬 더 높은 수익률을 얻을 수 있는 방법이다. 주식에 투자해 얻는 수익률의 80~90%는 전체 투자기간의 2~7%라는 짧은 기간에 발생한다. 샌포드 번스타인&컴퍼니Sanford Bernstein & Company의 연구 결과에 따르면 1926년부터 1993년까지

수익률이 가장 좋았던 60개월간은 평균 수익률이 11%였다. 하지만 수익률이 가장 좋았던 60개월은 1926년부터 1993년까지 전체 기간의 7%에 불과한 짧은 기간이다. 이 60개월을 제외한 나머지 93%의 기간은 수익률이 평균 0.01% 가량에 불과했다.

나는 이 연구 결과를 보고 깜짝 놀랐다. 주가가 상승하는 7%의 기간을 예측할 수 있는 방법을 찾아야겠다는 생각을 하기도 했다. 그러나 과연 누가 주가가 오르는 7%의 기간을 꼭 집어낼 수 있겠는가? 장기 투자자에게 진짜 위험한 것은, 진정으로 투자자의 자산을 위협하는 것은 주가가 크게 오르는 시기에 주식에 투자하지 않는 것이다. 주식시장은 하락할 때도 있다. 그러나 이 일시적인 하락을 감내하며 시장에 머물러 있어야 한다.

장기 투자자는 뉴욕에서 LA로 비행기를 타고 가는 여행자와 같다. 비행기가 캔자스주를 지날 때 난류를 만나 좀 흔들릴 수도 있다. 비행기가 좀 심하게 흔들린다 해도 비행기만 튼튼하다면 낙하산을 타고 탈출할 필요가 없다. 안전띠를 매고 가만히 앉아 있으면 결국에는 목적지에 안전하게, 아마도 시간에 맞게 도착할 수 있을 것이다. 투자도 마찬가지다. 투자 포트폴리오가 잘 구성되어 있다면, 즉 좋은 주식을 싸게 샀다면 비행기가 난류를 지날 때처럼 시장이 좀 요동을 친다 해도 도망칠 필요가 없다. 가만히 시장에 머물러 있으면 결국에는 투자목표에 도달할 것이다.

주식투자로 얻는 수익률의 대부분은, 진실로 단기간에 이뤄진다. 이것은 이미 연구 결과로 증명됐다. 문제는 투자 수익률의 대부분이 발생하는 이 짧은 기간, 주가가 큰 폭으로 오르는 이 짧은 시기를 정확히 예측해 그에 맞춰 주식을 사는 것이 거의 불가능하다는 점이다. 여기에서 나는 2가지 똑같이 중요한 사실을 강조하고 싶다. 하나, 단기적으로 언제 주가가 오를지 내릴지 예측하는 타이밍 전략은 효과가 없다. 둘, 주식시장에 거의 언제나 투자하고 있으면 주가가 가장 많이 오르는 시기를 놓치지 않고 최고의 수익률을 올릴 수 있다. 따라서 중요한 것은 주식시장에 항상 있는 것이다. 주식투자에서 이기기 위해서는 게임이 벌어지고 있는 시장에 항상 머물러 있어야 한다.

주식시장의 단기적인 등락을 예측하는 것은 바보들의 게임일 뿐이다. 이는 또 일반투자자들에게 피해를 주는 것이다. 장기적으로 주식시장은 오른다. 언제나 그랬고 아마 앞으로도 계속 그럴 것이다. 매매 타이밍을 맞추려는 사람들은 주가가 오를 때 시장에 뛰어들어가 높은 수익을 챙기고 주가가 떨어질 때는 재빨리 주식을 팔고 나와 손해를 피할 수 있을 것이라고 믿는다. 이는 혼잡한 고속도로에서 가장 빨리 갈 수 있는 방법을 고민하며 이리저리 차선을 바꾸는 것과 같다. 방금 차선을 바꾼 운전자는 가장 빨리 갈 수 있는 차선을 선택했다고 믿는다. 물론 100미터 정도는 그럴지도 모른다. 그러나 2킬로미터 정도 가면 다른 차에게 뒤처진다.

마켓 타이밍도 마찬가지다. 마켓 타이밍 전략으로 이번에는 남들보다 수익률이 조금 더 앞설지도 모른다. 그러나 예상치 못했던 사건이 터지면 절묘한 타이밍으로 얻었던 수익률이 순식간에 무너지고 만다. 9·11 테러가 대표적이다. 테러나 전쟁 같은 지정학적 사건이나 허리케인과 같은 기상재난 등으로 인한 갑작스러운 주가 급락은 거의 언제나 주가 상승 뒤에 일어났다. 시장 타이밍에 맞춰 매매를 자주 하다 보면 증권사에 내야 하는 수수료와 증권거래세가 늘어난다는 점도 감안해야 한다. 주식을 자주 사고팔다 보면 기껏 얻은 수익의 상당 부분을 수수료와 세금으로 돌려줘야 할 수도 있다.

주식을 쌀 때 사서 비쌀 때 팔아야 돈을 번다는 것은 어린아이라도 다 안다. 그러나 모든 연구들이 다양한 방법으로, 또 다양한 시나리오 아래에서, 대다수 투자자들이 주식을 비쌀 때 사서 쌀 때 판다는 사실을 증명하고 있다. 피터 린치는 피델리티에서 마젤란 펀드를 운용하며 환상적인 수익률을 기록했던 전설적인 펀드매니저다. 피터 린치가 올린 놀랄 만한 수익률을 감안하면 마젤란 펀드에 돈을 넣었던 투자자들은 모두 큰돈을 벌어야 한다. 그러나 놀랍게도 피터 린치는 조사 결과 자신이 운용하던 마젤란 펀드에 투자한 고객 중 절반 이상이 손해를 본 것으로 나타났다고 말한 적이 있다. 수년간 최고의 수익률을 기록한 펀드에 투자한 투자자들이 왜 손해를 본 것일까? 이는 수익률이 좋았던 1~2분기 후에 펀드에 돈을 넣었다가 수익률이 부진했던 1~2분기 후에 돈을 빼버렸기 때문이다. 수익률이 좋을 때 투자하고 수익률이 나쁠 때 환매한 것이다. 이는 주식이 오를 때(비쌀 때) 사서 떨어질 때(싸질 때) 파는 것과 똑같다.

노벨 경제학상 수상자인 윌리엄 샤프William Sharpe의 연구 결과에 따르면 마켓 타이밍을 추종하는 사람들이 매수 후 장기 보유하는 사람들과 비슷한 수익률을 내려면 주식시장이 부진한 82%의 시기를 정확히 알아맞혀야 한다. 가만히 있어도 얻을 수 있는 수익률을 굳이 엄청난 노력을 기울여 시장의 등락을 정확히 예측해야 하는 이유가 무엇인가? 더욱 나쁜 것은 다른 연구 결과에 따르면 시장의 타이밍에 따라 투자할 경우 손실위험이 잠재수익률의 거의 2배에 달한다는 점이다.

1985년에서 2005년까지 20년간 S&P500 지수의 연평균 수익률은 11.9%였다. 1985년에 1만 달러를 S&P500 지수에 투자하는 펀드에 넣어뒀다면 2005년에는 9만 4,555달러로 늘어났을 것이다. 그러나 최근의 연구 결과에 따르면 이 기간 동안 실제 투자자들의 연평균 수익률은 3.9%에 불과했다. 1985년에 투자한 1만 달러가 20년간 2만 1,422달러로 늘어나는 것에 그쳤다는 얘기다. 왜 이런 차이가 생길까? 연구 결과는 주식시장이 하락세를 보일 때 대부분의 투자자들이 주가 하락이 영원히 계속될 것이라 믿고 도망가기 때문이라고 결론을 내렸다. 대부분의 투자자들은 시장이 반등하는 것을 확인한 후에야 시장으로 돌아오기 때문에 수익률이 좋은 반등 초기를 놓쳐버리고 만다.

주가를 여러 곳에서 너무나 쉽게 확인할 수 있게 되면서 주식투자에서 장기적인 관점을 유지하기는 더욱 어려워지고 있다. 정보기술의 발달로 투자자들은 보유하고 있는 주식의 가치를 매일 실시간으로 확인할 수 있게 됐다. 그 결과 투자자들은 주가를 움직이는 단기 변수와 각종 정보에 쉽게 마음이 흔들리면서 초조감을 느끼고 있다. 대표적인 예가 70만 달러 상당의 지방채를 보유하고 있던 내 지인이다. 그는 성공한 상업 부동산 중개업자로 수입의 절반 이상을 저축했다. 그는 금전적으로 여유가 있었기 때문에 모아둔 돈을 쓰지 않고 장기 투자했다. 그러나 그는 성질이 매우 급해서 매일 주가가 오르고 내리는 것을 가만히 지켜보지 못했다. 투자한 주식이 떨어진 날이면 몹시 화를 냈다.

그는 채권 역시 주식처럼 매일 가격이 변동한다는 사실을 모르고 있었던 것 같다. 어쨌든 그는 자신이 보유하고 있는 지방채의 가격은 매일 확인할 수 없었고, 이 때문에 지방채에 대해서는 별로 신경 쓰지 않았다. 그는 정기적으로 자신이 보유한 지방채의 수익률을 점검했는데 그때마다 이자가 붙은 데에 만족하며 이자수익을 채권에 재투자했다. 채권의 연평균 수익률을 5%로 가정하면 처음에 70만 달러였던 그의 지방채 자산가치는 이후 10년간 114만 226 달러로 늘어났을 것이다. 만약 그가 70만 달러를 지방채가 아니라 S&P500 지수에 투자했다면 어땠을까? 연평균 15.3%의 수익률을 기록하며 10년간 290만 6,639달러로 불어났을 것이다. 이 투자수익에 대한 세율이 40%라면 그의 세후 투자자금은 202만 3,983달러가 된다. 결국 그는 주식에 투자하지 않음으로써 88만 3,757달러의 손해를 입은 셈이다.

아메리칸 센추리 인베스트먼트American Century Investment의 연구에 따르면 1990년부터 2005년까지 주식시장의 모든 상승과 하락을 경험했다면, 즉 만 15년간 주식시장을 떠나지 않고 계속 머물러 있었다면 1990년에 투자한 1만 달러는 2005년에 5만 1,354달러로 늘어난다. 1990년대의 호황장은 물론 2000~2002년의 극심한 침체장까지 모두 겪었을 때의 투자성과다. 하지만 15년간 수익률이 가장 좋았던 10일을 놓쳤을 경우 투자자산은 3만 1,994달러로 늘어나는 것에 그친다. 만약 이 기간 동안 수익률이 가장 좋았던 30일을 놓쳤다면 투자한 1만 달러는 고작 1만 5,730달러가 되는 데 그친다. 만약 15년간 수익률이 가장 좋았던 50일을 놓쳤다면 투자한 1만 달러는 9,030달러로 오히려 줄어들어 손해를 보게 된다.

당신은 보유하고 있는 주식의 가격을 매일, 매순간 기회가 있을 때마다 확인하는가? 당신이 살고 있는 집의 가격이 매일 변동하며 신문에 고시된다면 어떻게 할 것인가? 옆집 마당이 지저분하다는 이유로 당신의 집 가격이 2% 떨어졌다면 더 떨어질까 두려워 당장 집을 팔고 이사할 것인가? 어느 날 또 다른 이웃이 집을 깨끗이 새로 칠했다는 이유로 당신의 집 가격이 5% 올랐다면 기뻐하며 집을 팔아 차익을 챙길 것인가? 좋은 가격에 매수한 주식은 부동산과 같은 장기 자산이며 부동산과 똑같이 취급해야 한다. 가격이란 오르기도 하고 떨어지기도 한다. 중요한 점은 시장이 올라갈 때 좋은 주식을 보유하고 있어야 한다는 것이다. 가치투자의 원칙에 따라 안전마진을 유지하며 투자하면 이길 확률이 높아진다. 특히 주식시장 안에 머물러 있는 것이 주식시장 밖에서 바라보고 있는 것보다 훨씬 더 이익이다.

마켓 타이밍으로는 지속적으로 수익을 낼 수 없다. 주식시장의 등락을 인내하며 장기 투자하는 것이야말로 돈을 버는 길이다. 특히 가치투자자들은 장기적으로 오를 특징을 하나 이상 가진 주식을 선별해 안전마진을 지켜 신중하게 투자하기 때문에 주가 등락에 훨씬 더 안전하다.

18. 매수 후 보유?
정말?

주식과 채권, 어디에 투자할 것인가?

사람들은 자신의 투자 포트폴리오를 구성할 때 종종 전문가에게 조언을 구한다. 전문가에게 조언을 구하는 것은 바람직하지만 때로 그렇지 않은 경우도 있다. 재무설계사들은 일반적으로 위험을 싫어한다. 그러나 이러한 위험 회피 성향은 당신의 재정상황 때문이 아니라 관습적인 재무설계 때문인 경우가 많다. 재무설계에서 가장 표준적인 자산배분 구성은 3분의 1은 채권에, 3분의 2는 주식에 투자하라는 것이다. 채권에 얼마, 주식에 얼마씩 나눠 투자하라는 것은 사람들의 자산규모에 관계없이 통상적으로, 일반적으로 내려지는 재무 권고사항이다. 게다가 증권사에선 단기적인 시장전망에 따라 달라지는 자산배분 공식을 추천하기도 한다. 내 귀에는 마켓 타이밍 전략이나 마찬가지로 들린다.

사람들이 처한 상황은 제각기 다르다. 금융자산의 규모도 다르고 나이도 다르고 필요도 다르다. 각기 다른 자산규모와 나이와 필요에 따라 각기 다른 자산배분 공식이 필요하다. '3분의 1은 채권, 3분의 2는 주식'이란 재무설계 공식은 그저 표준일 뿐이다. 이 표준은 여러 전문가들이 추천하기 때문에 안전하게 느껴질 뿐이다. 그러나 당신이 엄청난 재산을 가지고 있어서 평생 풍요롭게 먹고사는데 그 재산 중 극히 일부만이 필요하다면 어떨까? 그렇다 해도 장기투자할 경우 주식보다 수익률이 낮은 것으로 증명된 채권에 재산의 3분의 1을 투자해야 하는가?

나는 자산배분 전략을 세울 때 고려해야 할 가장 중요한 2가지는 나이와 원하는 생활수준을 유지하는 데 필요한 돈의 액수라고 생각한다. 만약 당신이 20세에서 35세 사이라면 당신은 생활비를 벌 수 있는 직업이 있을 것이고, 장기적인 관점을 가지고 투자할 수 있을 것이다. 펜실베이니아 대학 와튼 경영대학원 교수인 제러미 시겔 Jeremy Siegel의 《주식투자 바이블》에 1871년부터 1991년까지 매 1년마다 30년씩 기간을 잘라 수익률을 조사한 결과가 나온다. 이에 따르면 30년간의 기간을 어떻게 자르든 항상 주식이 채권이나 현금보다 수익률이 더 좋았다. 매 1년마다 10년씩 기간을 잘라 조사해보니 주식이 채권이나 현금보다 수익률이 높았던 기간이 전체의 80%였다. 채권이나 현금은 수익률이 물가 상승률을 넘지 못하는 기간이 전체의 50%가 넘었다. 이는 채권에 투자하거나 돈을 예금계좌에 넣어둘 경우 물가 상승분을 제외한 실질 수익률이 오히려 마이너스일 가능성이 50%가 넘는다는 얘기다. 그렇다면 장기 수익률이 떨어지는 채권에 누가 왜 투자해야 하는가? 대답은 다시 나이와 필요로 되돌아온다. 1987년에 한 친구가 다른 곳에 있는 투자계좌를 우리 회사로 옮겼다. 그의 투자계좌는 그해 9월 중순에 완전히 우리 회사로 이전돼왔다. 그때 그는 그해 말에 투자계좌를 청산하고 진행하고 있는 부동산 거래에 그 돈을 투입할 생각이라고 말했다. 나는 그해 말에 써야 할 곳이 있는 돈이라면 지금 당장 계좌를 청산해 현금으로 갖고 있으라고 말했다. 그는 돈을 쓰려면 아직 2개월 이상 남았는데 그렇게 서두를 필요가 있냐며 의아하게 생각했다. 나는 그의 돈이 주식시장의 예상치 못한 급락을 견뎌낼 수 없는 돈이기 때문이라고 설명했다. 주식시장에 오래 머무를 수 없으면 아예 주식시장에 있어서는 안 된다. 장기 투자할 수 없는 돈이라면 주식시장에 아예 넣지 말아야 한다.

친구는 내 말을 듣고 1987년 9월 말에 투자계좌를 청산했고, 1987년 10월의 악명 높은 '블랙 먼데이'를 피할 수 있었다. 그는 지금도 내가 10월의 주가 폭락을 예상하고 투자계좌를 서둘러 청산하도록 권고한 것이라고 믿고 있다. 위대한 예측력을 지닌 사람으로 인정받는 것은 기분 좋은 일이지만 나는 주식시장의 앞날을 맞출 능력이 없다. 1987년의 블랙 먼데이는 나에게도 엄청난 충격이었다. 나는 단지 상식에 근거해 그에게 투자계좌를 일찍 청산하라고 조언한 것뿐이었다.

반대 사례도 있다. 우리 회사의 오랜 고객이었던 남자의 부인이 1980년대 초에 우리 회사를 방문해 자산배분에 대해 조언을 구했다. 그녀의 남편은 얼마 전 세상을 떠나면서 우리 회사 투자계좌에 400만 달러와 워런 버핏의 투자회사인 버크셔 해서웨이 주식 3,000만 달러어치를 그녀에게 남겼다. 그녀의 남편은 버핏이 친척들의 자금을 받아 조성했던 펀드의 초기 투자자였다. 그는 버핏이 펀드를 청산했을 때 돌려받은 돈 모두를 버핏의 버크셔 해서웨이 주식을 사는 데 투자했다. 세상을 떠나기 직전까지 계속 일하며 생활비를 벌었기 때문에 그는 투자한 돈은 물론 수익까지 전혀 쓰지 않고 계속 재투자했다. 하지만 그의 부인은 소득이 없었기 때문에 투자자산에서 일정 정도씩 돈을 찾아 생활비로 써야 했다. 그녀는 현재 생활수준을 유지하기 위해 세전 기준으로 매년 20만 달러가 필요했다.

그녀는 나를 찾아오기 전에 회계사를 만나 재정자문을 받고 매년 필요한 20만 달러의 생활비와 아이들에게 물려줄 유산, 자선 단체 기부금 등을 적절히 배분하는 계획을 세웠다. 회계사는 버크셔 해서웨이 주식이 많이 올라(그녀의 남편은 그 주식을 주당 20달러에 샀다.) 세금이 많이 나올 것이라며 자선잔여신탁Charitable Remainder Trust을 설정하라고 권했다. 자선잔여신탁은 일정 기간 동안 지정된 사람에게 매년 일정 수입을 제공한 뒤 남은 돈은 지정된 자선단체에 기부하는 신탁으로 세제혜택이 크다. 회계사는 버크셔 해서웨이 주식을 자선잔여신탁에 넣은 뒤에 팔면 주가 차익에 대해 양도소득세를 전혀 내지 않아도 된다고 설명했다. 버크셔 해서웨이 주식을 판 돈은 자선잔여신탁에서 채권에 투자해 매년 일정 수입을 얻을 수 있도록 한다는 것이 회계사의 재정계획이었다.

나는 그녀의 이야기를 다 들은 뒤 그녀가 지금 큰 부자가 된 것은 전 재산을 주식에 잘 투자해왔기 때문이라고 말했다. 그런 다음 앞으로 주식이 상승해 누릴 수 있는 혜택을 왜 포기하려 하느냐고 물었다. 그녀 어머니의 수명을 감안했을 때 그녀는 앞으로 35년은 더 살 수 있을 것 같다는 말도 했다. 그러자 옆에 앉아 있던 그녀의 회계사가 전 재산을 주식에 투자하는 것은 너무 위험하다고 말했다. 나는 그 회계사에게 설사 주식시장이 50% 폭락한다고 해도 그녀에게는 므두셀라만큼 오래 살아도 평생을 풍요롭게 살 수 있을 만큼의 재산이 남아 있다고 말해줬다. 므두셀라는 969년을 산 성경 속의 최장수 인물이다.

그녀는 내 말을 듣고 남편이 물려준 재산을 그대로 주식으로 유지하기로 했다. 대신 우리 회사에서 운용하고 있는 400만 달러 규모의 그녀 남편의 투자계좌에서 매년 필요한 만큼의 생활비를 빼내어 쓰기로 했다. 몇 년 후 그녀는 자신의 재정상황과 재정계획을 점검하기 위해 나에게 전화했다. 나는 그녀에게 자산규모가 얼마나 되냐고 물었다. 그녀는 1억 8,000만 달러라고 대답했다. 나는 지금까지처럼 계속 전 재산을 주식에 투자하라고 말했다. 현재 그녀의 재산은 3억 달러 이상으로 늘어났을 것이다.

이와 상반되는 사례도 있다. 우리 회사의 또 다른 고객 이야기다. 그의 아버지는 1947년에 젊은 나이로 세상을 떠나며 유산으로 100만 달러를 남겼다. 100만 달러는 당시 가치로 어마어마하게 큰돈이었다. 그 무렵 나의 부모님은 내가 자라난 집을 7,000달러에 샀다. 당시 최고급 승용차였던 캐딜락의 가격은 2,000달러가 안 됐으며, 당시 하버드 대학의 1년 학비는 1,500달러 정도였다. 그의 아버지는 홀로 남겨진 아내가 돈에 신경 쓰지 않아도 되도록 100만 달러나 되는 큰돈을 은행에 위탁했다. 은행에 맡긴 100만 달러가 아내에게 평생토록 안정적인 수입원이 될 것이라고 믿은 것이다. 은행은 그 돈을 연간 수익률 4%짜리 비과세 지방채에 투자했다. 아내는 지방채에서 매년 나오는 4만 달러의 이자수입으로 생활했다. 1947년에 연간 4만 달러면 부유하게 생활할 수 있었다. 그러나 그녀는 이후 45년을 더 살았다. 그녀는 2002년에 세상을 떠났는데 그때도 연간 수입은 변함없이 4만 달러였다. 2002년의 4만 달러는 1947년과 비교해 가치가 형편없이 낮다는 사실은 두말할 필요도 없다.

나는 그녀가 남편으로부터 물려받은 100만 달러를 S&P500 지수에 투자했다면 어떻게 됐을까 계산해봤다. 그녀가 매년 자산의 4%를 생활비로 쓴다고 가정할 경우 1998년에(내가 이 계산을 했던 해다.) 그녀의 자산은 4,400만 달러로 불어나고 연간 수입은 176만 달러에 달했다. 아들들이 성공한 덕분에 그녀가 노후에 용돈을 풍족하게 받아 생활할 수 있었다는 사실에 다소나마 위안을 느낀다.

이 고객으로부터 어머니 이야기를 들었을 때 나는 1960년대 말 대학에 다니며 만났던 부유한 집 아이들이 생각났다. 그들은 뉴욕의 파크 애비뉴나 5번가, 또는 필라델피아나 보스턴 교외의 대저택, 또는 그리니치나 코네티컷의 부촌, 롱아일랜드 북쪽 해변가 같은 부자 동네에서 자라나 부잣집 아이들만 다니는 뉴잉글랜드의 배타적인 사립학교를 졸업했다. 나는 훨씬 더 검소한 환경에서 자랐기 때문에 그들이 조금은 부러웠다. 나는 부모님이 7,000달러에 매입한 집에서 쭉 자랐다. 그 집은 산 지 20년 만인 1967년에 팔았을 때 2만 7,000달러였다.

나는 1969년에 '트위디, 브라운'에 들어와 일을 시작하면서 부잣집 아이들의 부의 원천인 기업들을 조사하게 됐다. 진짜 부잣집 아이들은 아버지의 주식 자산이 500만 달러에서 1,000만 달러 사이였다. 당시로서는 상당히 큰돈이지만 자녀들까지 똑같이 부유한 생활수준을 유지하며 살 수 있을 만큼은 아니다. 1,000만 달러를 세 자녀에게 상속한다면 상속세 50% 가량을 제하고 자녀 한 사람에게 돌아가는 유산은 166만 달러 정도다. 나쁘진 않지만 평생 부유하게 살 수 있을 정도는 아니다. 불행하게도 부잣집 아이들 상당수는 많은 유산을 상속받지 못할 것 같았다. 더 안타까운 것은 부잣집 아이들은 곱게만 자라나 1980년대 이후에 등장한 노골적이고 천박한 자본주의 사회의 거친 경쟁에서 살아갈 준비가 전혀 되어 있지 않았다는 점이다.

이제 다시 투자 이야기로 돌아가자. 1976년에 친한 친구가 뉴욕 파크 애비뉴에 있는 큰 아파트를 매입했다. 침실이 5개, 벽난로가 5개, 하인 방이 5개나 되는 8,000평방피트짜리 대형 아파트였다. 그는 6개월간 가격을 흥정하다 결국 12만 달러에 그 아파트를 사기로 했다. 1평방피트당 15달러인 셈이다. 집을 파는 사람은 한 달 유지비만 2,500달러가 드는 이 하얀색 코끼리 같은 아파트를 처분했다고 좋아했다. 현재 그 친구가 산 아파트는 약 2,500만 달러에 거래되고 있다. 그만큼 물가가 오른 것이다. 물가 상승률은 서서히 자라나 자산을 갉아먹는 치명적인 암과 같은 존재다. 물가 상승률을 따라잡아 자산가치 하락을 막을 수 있는 유일한 방법은 주식뿐이다. 채권은 만기 때 원금을 돌려받지만 그 돈은 처음 채권에 투자했을 당시보다 실질적인 가치가 크게 떨어질 가능성이 높다.

다른 생계수단이 있어서 투자자산을 쓰지 않아도 된다면 좀 더 과감하게 투자할 수 있다. 이 경우 모든 돈을 주식에 투자한 뒤 주식시장의 등락을 견디며 장기 수익률을 극대화할 수 있다. 그러나 투자기간이 길지 않고 투자자산을 생활비 등으로 써야 하는 경우라면 좀 더 신중하게 접근할 필요가 있다. 이 경우 나는 투자자산을 대학 재단처럼 관리하는 것이 좋다고 생각한다. 대학은 재단에서 매년 일정 비율의 자금을 인출해 여러 교육 프로그램과 장학금에 쓴다. 대개 대학은 재단이 보유한 자산의 5% 가량을 매년 교육 사업비로 쓰고 나머지는 투자한다. 대학은 투자 수익률이 최소한 물가 상승률과 재단 자산에서 매년 인출해 쓰는 5%를 합한 것보다 높기를 바란다. 그래야 재단이 보유한 자산의 실질가치가 하락하지 않고 그대로 유지될 수 있기 때문이다.

개인들도 대학 재단처럼 재정계획을 세워 자산을 운용해야 한다. 대학처럼 투자자산에서 매년 일정 비율의 돈을 써야 하는 경우 매년 쓰는 돈의 비율이 투자자산에서 거둘 수 있는 장기 수익률보다 낮아야 한다. 그래야 투자자산의 규모가 유지된다. 매년 쓰는 돈이 5%이고 연간 수익률도 5% 정도라면 처음 시작하기에 나쁘지 않다. 연간 투자수익률이 10% 정도라면 매년 물가 상승률만큼 쓰는 돈을 늘려나갈 수 있다. 문제는 주식에 투자한 자산은 은행의 예금계좌와 다르다는 점이다. 주식에 투자하면 수익률이 매년 변한다. 어떤 해에는 주식시장이 큰 폭으로 떨어져 투자자산이 전해에 비해 크게 줄어들 수도 있다. 이런 때 돈이 필요하다면 불가피하게 손해를 보면서 주식을 팔아야 한다. 나는 이런 상황을 피하기 위해 3년간 생활할 수 있을 정도의 자금을 단기 채권에 넣어두고 있다. 단기 채권에 투자한 돈은 그냥 내버려뒀다가 주가가 하락했을 때만 인출해 쓰는 돈이다. 이렇게 하면 주식시장이 하락해 주가가 싸졌을 때 생활비가 필요하거나 갑작스럽게 돈 쓸 일이 생겨도 주식을 팔지 않아도 된다.

단기 채권에 3년간의 생활비를 넣어두는 이유는 주식시장이 하락한 뒤 이전 고점을 회복하는 데 3년 이상 걸릴 수 있기 때문이다. 예를 들어 다우존스지수와 S&P500 지수는 2000년 고점을 회복하는 데 무려 6년이나 걸렸다. 나스닥지수는 아직도 2000년 최고치를 회복하지 못했다. 나스닥지수가 2000년 최고치를 회복하려면 얼마나 더 많은 시간이 필요할지 예상조차 할 수 없다. 주식시장이 극심한 침체장을 겪은 뒤 이전 고점을 회복하는 데는 3년 이상의 오랜 기간이 걸리지만 내 경험상 대부분의 가치투자자들은 이보다 빠르게 주가 하락에 따른 손실을 만회했다. 가치투자자들은 대개 큰 손실로 이어지는 주기적인 주식시장의 거품을 피해 가는 것 같다.

전체 자산의 3분의 1은 채권에, 3분의 2는 주식에 투자하는 전형적인 자산배분 전략의 또 다른 약점은 주기적으로 투자자산을 점검하고 채권과 주식에 대한 투자비율을 조정해야 한다는 것이다. 어떤 해에 주식시장이 큰 폭으로 올라 주식이 전체 자산의 75~80%를 차지하게 되면 전체 자산의 3분의 2가 넘는 만큼의 주식을 팔아 그 돈을 채권에 투자해야 한다. 이는 수익률이 좋은 승자를 팔아 패자에 재투자하는 것과 같다. 이것이 과연 현명한 짓인가? 만약 당신이 3년간의 주가 하락을 견딜 만큼의 현금을 갖고 있다면 채권과 같은 안전자산에 더 투자해야 할 이유가 있는가?

대학은 재단의 영속성을 고민해야 하지만 당신은 그럴 필요가 없다. 그러나 당신이 가장 직면하고 싶지 않은 현실은 아마도 늙어서 생활비에 쪼들리는 상황일 것이다. 게다가 재단은 세제혜택을 풍부하게 받지만 당신은 연금을 받는 시점까지 과세가 연기되는 과세이연 퇴직계좌 외에는 투자로 얻은 차익을 실현할 때마다 꼬박꼬박 세금을 내야 한다. 주식을 팔아 소위 자산의 포트폴리오를 재조정할 때마다 차익에 대해 세금을 내야 한다는 얘기다. 이런 이유 때문에 투자하는 종목을 자주 교체하지 않는 펀드에 돈을 맡기는 것이 중요하다. 투자하는 종목을 바꾸는 비율인 회전율이 높을수록 세금을 많이 내야 하기 때문이다.

주식투자의 장점은 수익이 재투자되면서 복리의 효과를 창출한다는 점이다. 복리는 수익률이 높을수록, 기간이 오래될수록 작은 돈을 큰돈으로 불려주는 강력한 힘을 가지고 있다. 이러한 복리의 적이 바로 높은 회전율이다. 높은 회전율은 투자자들에겐 적이고 미국 국세청에겐 친구다. 대부분의 펀드는 세전 수익과 세후 수익을 공시하도록 돼 있다. 세전과 세후 수익을 비교해보면 어떤 펀드가 회전율을 낮춰 소중한 고객의 자산을 절세하는 데 힘쓰고 있는지 알 수 있다. 세후 수익이 세전 수익에 비해 현저히 낮다면 이는 펀드매니저가 매매를 자주 하며 당신의 돈을 국세청에 세금 내고 증권사에 수수료로 지불하는 데 많이 썼다는 의미다. 회전율이 낮은 펀드는 대개 성장 잠재력이 높은 주식을 합리적인 가격에 산다. 좋은 주식을 적절한 가격에 샀기 때문에 빨리 팔아치워야 할 이유가 없고, 이 때문에 회전율이 낮아진다.

투자의 대부분이 사실은 단순한 상식에 근거하고 있다. 투자하는 펀드를 자주 교체하거나 이른바 자산배분이라고 해서 투자 자산을 자주 팔아 조정한다면 수익률이 높아지기는커녕 낮아질 가능성이 크다. 처음에 올바른 선택을 했다면 그저 침착한 태도로 사태를 관망하는 것이 훨씬 더 낫다. 그럼에도 많은 투자자들이 수익률을 높이기 위해 투자 포트폴리오를 정기적으로 조정하고 펀드를 적극적으로 '갈아타기' 해야 한다고 생각한다. 안타까운 일이다. 투자할 때 가장 중요한 것은 처음에 올바른 선택을 하는 것, 그 다음에는 인내하는 것이다.

19. 오직 전문가만이
할 수 있다면?

펀드매니저를 어떻게 선택할 것인가?

이 책의 목적은 독자들이 장기적으로 탁월한 성과를 보인 가치투자의 원칙과 방법을 이해해 도움을 얻도록 하는 것이다. 지금까지 소개한 가치투자의 전략을 실천하든, 실천하지 않든 선택은 당신의 몫이다. 만약 당신이 가치투자의 원칙대로 직접 투자할 생각이라면, 또 직접 투자할 시간도 있다면 매우 좋은 일이다. 하지만 이보다 더 중요한 것은 이 책을 통해 투자의 원칙을 이해하고 펀드를 선택하는 기준을 아는 것이다. 펀드를 선택한다는 것은 사실 그 펀드를 운용하는 펀드매니저를 선택한다는 것과 같은 의미다. 당신의 소중한 돈을 맡아 운용해줄 펀드매니저에게 어떤 질문을 해야 하는지 이해하게 된다면 수많은 펀드 가운데 당신에게 꼭 맞는 펀드를 골라낼 수 있을 것이다.

모닝스타와 같은 펀드 평가회사는 판매되고 있는 각종 펀드에 대한 상세한 정보를 제공하고 있어 펀드를 선택할 때 매우 유용하다. 펀드 평가회사의 인터넷 홈페이지에 가면 투자대상과 운용 스타일별로 분류된 개별 펀드들의 수익률, 자산규모, 펀드매니저, 투자철학 등에 대한 정보를 얻을 수 있다. 펀드 평가회사만으로 가장 좋은 펀드를 골라낼 수는 없겠지만 펀드에 투자할 때 출발점은 될 수 있다.

나는 지난 몇 년간 여러 재단의 투자위원회에 참여하면서 재단이나 퇴직연금 같은 큰 기관으로부터 자금을 위탁받아 운용하려는 펀드매니저들을 인터뷰할 기회를 많이 가졌다. 재단의 투자 위원회는 재단 자산을 어디에 맡겨 운용할지 결정하고 재단 자산을 관리하는 일을 한다. 나 역시 재단이나 국민연금, 퇴직연금 등 기관투자가의 선택을 받아야 하는 펀드매니저로서 반대 입장인 재단의 투자위원회에서 펀드매니저를 선택해보니 많은 것을 배울 수 있었다.

펀드매니저를 선택할 때 가장 먼저 해야 할 일은 자신이 어떤 방식으로 운용되는 펀드를 원하는지 아는 것이다. 펀드가 운용되는 방식을 펀드의 운용 스타일이라고 하는데 펀드는 운용 스타일에 따라 여러 가지로 분류할 수 있다. 저평가된 주식에 투자하는 가치형 펀드도 있고, 높은 성장세로 시장을 주도하는 주식에 투자하는 성장형 펀드도 있다. 대형주에 주로 투자하는 펀드도 있고, 소형주에 주로 투자하는 펀드도 있다. 운용해야 하는 자산의 규모가 큰 기관은 보통 다양한 운용 스타일을 골고루 구사할 수 있는 펀드매니저를 원한다. 왜냐하면 시기에 따라 수익률이 가장 좋은 운용 스타일이 달라지기 때문이다. 때로는 성장형 펀드 수익률이 가장 높은가 하면, 때로는 가치형 펀드 수익률이 가장 좋다. 어떤 때는 대형주 펀드가 성과가 좋고, 어떤 때는 중소형주 펀드가 높은 수익을 낸다.

　서로 다른 모든 운용 스타일을 골고루 다 활용하기를 바란다는 것은 어떤 경우에도 경쟁하는 펀드 또는 주식시장 대표 지수보다 수익률이 낮지 않아야 한다는 뜻이다. 나는 이런 생각이 주식투자에 대한 단기적인 관점을 강화한다는 점에서 문제라고 본다. 만약 어떤 운용 스타일이 장기적으로 가장 좋은 성과를 낸다는 사실을 알고 있다면 단기적인 수익률 비교에는 신경 쓰지 말아야 한다. 다른 펀드나 주식시장 대표지수를 염두에 둔다면 차라리 인덱스 펀드에 투자하는 것이 낫다. 인덱스 펀드가 수수료가 더 싸기 때문이다. 왜 시장의 대표지수와 비교하면서 시장 대표지수와 비슷한 수익률을 목표로 하는 인덱스 펀드보다 더 높은 수수료를 내야 하는 펀드에 투자하는가?

　펀드매니저 인터뷰는 대개 펀드매니저 자신이 운용경력과 실적을 소개하는 것부터 시작된다. 물론 모든 펀드매니저가 자신이 뛰어난 투자가라고 소개한다. 그런 다음 투자위원회 위원들이 궁금한 점을 질문하고 펀드매니저가 대답하는 본격적인 면접이 이어진다. 투자위원들이 묻는 질문은 대개 비슷하고 펀드매니저들의 대답도 마찬가지다. 펀드매니저들은 멍청이가 아니다. 그들은 고객이 어떤 대답을 원하는지 알고 있다.

　투자위원이 묻는 첫 번째 질문은 "기업 분석(리서치)은 직접 하는가?"이다. 그리고 펀드매니저가 하는 대답은 한결같이 "물론"이라는 것이다. 어떤 펀드매니저도 증권사의 기업 분석 보고서를 읽는다고 인정한 적이 없다. 미국 뉴욕 월스트리트의 대형 증권사에서 일하고 있는 애널리스트들은 수천 명은 안 된다 해도 최소한 수백 명은 족히 되고도 남는다. 이 많은 애널리스트들이 큰 자산을 운용하는 펀드매니저가 절대로 읽지 않는 기업 분석 보고서를 작성하고 있다는 얘기다. 이런 보고서 가운데는 상당히 괜찮은 것도 많은데 말이다.

투자위원이 하는 두 번째 질문은 "투자할 기업을 직접 방문하는가?"이다. 이 질문에 대한 펀드매니저의 대답도 일관되게 "반드시 그렇다"는 것이다. 그리고 펀드매니저들은 대개 기업을 방문하면 최고경영자CEO나 최고재무책임자CFO를 만날 계획이라고 말한다. 이는 다소 우려스러운 부분이다. 모든 펀드매니저들이 CEO와 CFO에게 상세하고 구체적인 인터뷰를 요구하겠다고 하면 과연 그 기업은 누가 경영하는 것일까? 내가 인터뷰했던 한 펀드매니저는 1년에 기업 탐방을 250번이나 했다고 주장했다. 공휴일을 제외하고는 거의 매일 한 기업씩 탐방했다는 얘기다. 기업을 방문하기 위해 오고 가는 시간과 잠자는 시간을 감안할 때 이 펀드매니저가 과연 기업의 연차보고서를 읽을 시간은 있었는지 의심스럽다. 1년에 기업 탐방을 400번이나 했다는 펀드매니저도 만난 적이 있다.

항상 주식시장 평균보다 더 높은 수익률을 올렸다는 한 펀드매니저는 심지어 직원들을 통해 기업 탐방을 1년에 4,000번이나 했다고 주장했다. 기업 분석 보고서조차 1년에 4,000개를 읽는 것은 불가능하다.

투자위원들이 물어보는 세 번째 질문은 대개 "펀드매니저에게 무슨 일이 생겼을 때 어떻게 할 것인가?"이다. 어떤 펀드매니저가 마음에 들어 돈을 맡겼는데 그 펀드매니저에게 사정이 생겨 자산을 더 이상 운용하지 못하게 되는 경우가 있다. 투자위원들은 이때 누가 자산을 인계받아 운용할 수 있는지 알고 싶어 한다. 이 질문에도 모든 펀드매니저들이 훌륭하게 대답한다. 이 때문에 투자 위원들은 펀드매니저의 나이가 80~90세가 아닌 한 그 펀드매니저가 자신들이 맡긴 자산을 당분간 계속 운용할 것이라고 생각하게 된다. 그러나 상대적으로 젊거나 구체적인 자산인계 계획을 가진 펀드매니저만으로 자산운용의 기회를 한정시킨다면 나이가 많고 후계자도 아직 정하지 못했지만 이론의 여지가 없는 세계 최고의 펀드매니저인 워런 버핏조차 배제해야 할 것이다.

투자위원들이 이런 질문을 던진 다음 마지막으로 당부하는 것은 언제든 필요할 때마다 펀드매니저와 직접 접촉할 수 있도록 해달라는 것이다. 투자위원들은 투자를 잘해주기를 바라며 펀드매니저에게 돈을 맡긴다. 그렇다면 왜 그가 투자를 잘할 수 있도록 내버려두지 않는가? 왜 그가 어디에 투자하는지 지켜보며 기다리지 않고 간섭하려 하는가?

나는 펀드매니저를 선택할 때 적용할 수 있는 다른 기준을 제시하고자 한다. 개인투자자든 기관투자가든 펀드나 펀드매니저를 선택할 때 이 기준을 활용한다면 훨씬 더 만족스러운 결과를 얻을 수 있을 것이다.

첫째, 펀드매니저가 투자원칙을 가지고 있고 이를 투자 문외한인 사람조차 알아들을 수 있을 만큼 쉬운 말로 설명할 수 있는가? 또 이 투자원칙을 오랫동안 지속적으로 지켜왔는가? 펀드매니저를 직접 만나 그의 투자원칙을 들어볼 수 있다면 가장 좋을 것이다. 그러나 일반적인 개인투자자는 펀드매니저를 직접 만나기가 어렵다. 이럴 경우에는 최소한 지난 5년간 그 펀드매니저가 투자자들에게 보낸 편지와 자산운용 보고서, 또는 펀드 판촉을 위해 발간한 홍보 간행물 등을 찾아 읽어보라. 그의 글을 통해 주식시장에 대한 시각이 일관적이었는지, 아니면 상황에 따라 투자원칙이 바뀌었는지 파악해보라. 시장상황에 따라 투자원칙을 바꾸는 것은 경마하는 도중에 말을 갈아타는 것이나 마찬가지다.

둘째, 과거 수익률이 어땠는가? 그 펀드매니저가 운용하는 펀드에 투자했다면 수익률에 만족했겠는가? 나는 펀드매니저를 선택할 때 최소한 과거 10년간의 수익률을 살펴봐야 한다고 생각한다. 10년은 되어야 주식시장의 상승과 하락 사이클을 몇 번 경험하면서 펀드를 어떻게 운용해왔는지 알 수 있기 때문이다. 문제는 수명이 10년이 되지 않는 펀드가 많다는 점이다. 그렇다 해도 나는 생긴 지 5년이 안 되는 펀드는 선택하지 않을 것이다. 최소한 5년은 꾸준히 운영되어온 펀드여야 한다. 과거에 수익률 변화가 얼마나 심했는지 살펴보는 것도 좋다. 어떤 투자자들은 수익률이 크게 변하는 것을 견디지 못한다. 주가가 가장 싸졌을 때 두려워하며 주식시장에서 도망치지 않으려면 수익률 변화가 심하지 않고 꾸준한 펀드매니저를 선택하는 것이 좋다.

셋째, 과거 수익률이 누구의 것인가? 즉 과거 그 수익률을 기록했던 펀드매니저가 여전히 같은 펀드를 운용하고 있는가? 펀드매니저는 바뀌는 경우가 많다. 어떤 펀드의 과거 수익률이 좋아 투자하려고 했는데 그 수익률을 냈던 펀드매니저는 이미 그 펀드를 떠난 경우가 많다. 새 펀드매니저가 이전 펀드매니저와 오랫동안 함께 일하며 옆에서 투자원칙과 방법을 배우지 않았을 경우 펀드매니저가 바뀌면 운용 스타일도 바뀌게 된다. 나는 역사가 25년이 되는 성장형 펀드의 운용을 담당하고 있는 펀드매니저를 면접한 적이 있다. 그 펀드의 과거 수익률은 탁월한 정도는 아니었지만 상당히 좋은 편이었다. 그런데 그 펀드매니저의 나이는 고작 36살에 불과했다. 그 펀드매니저가 11세 때부터 성장형 펀드를 운용하지 않았다면 과거 수익률은 대부분 그와 상관없는 것이란 얘기다.

넷째, 펀드매니저 자신의 돈은 어떻게 관리하는가? 자신이 운용하는 펀드에 투자하는가? 요리사가 자신의 요리를 먹어야 하듯 펀드매니저도 자신의 펀드에 투자할 수 있어야 한다. 투자자들에게 펀드에 투자할 때 감수해야 한다고 요구하는 위험을 펀드매니저 자신이 직접 질 수 있어야 한다. 펀드매니저가 자신이 운용하는 펀드에 투자하고 있으면 좀 더 안심이 되고 믿음이 간다. 펀드매니저도 자신의 돈이 들어가 있으면 수익률이 좀 부진해도 과도한 위험을 지지 않게 된다.

마지막으로 나는 펀드매니저가 주인인 자산운용사의 펀드를 선호한다. 이것이 언제나 신뢰할 만한 선택기준이 되는 것은 아니다. 그러나 펀드를 마케팅하거나 판매하는 사람이 자산운용사를 경영한다면 고객이 맡긴 돈을 잘 운용하는 것보다는 펀드를 더 많이 팔아 운용자산을 키우는 데 더 관심을 가질 수 있다고 생각한다. 펀드에 대한 관점도 단기적이 될 수 있다. 이는 펀드매니저에게 장기적으로 투자자에게 최고의 이익이 되는 결정이 아니라 단기적으로 회사에 이익이 되는 결정을 내리도록 하는 압력으로 작용할 수 있다. 펀드매니저가 회사의 주인이라면 그들을 해고할 수 있는 사람은 투자자밖에 없다. 따라서 펀드매니저는 자신의 투자 원칙에 따라 좀 더 장기적인 관점에서 결정을 내릴 수 있다. 이런 경우 펀드매니저는 수익률이 상대적으로 저조한 시기에 투자자들에게 동요하지 말고 기다려 달라고 설득하기만 하면 된다.

펀드투자로 성공하는 비결은 처음에 좋은 펀드매니저를 선택해 그와 오랫동안 거래하는 것이다. 수익률이 좀 저조하다고 금세 환매하고 다른 펀드로 갈아탄다면 장기적으로 좋은 투자 결과를 기대하기 어렵다.

20. 짜릿한 롤러코스터의 유혹을 뿌리친다

원칙을 고수하는 용기를 가져라

지금까지 가치투자가 무엇이고 어떻게 실천할 수 있는지 설명했다. 이제 몇 가지 핵심적인 원칙을 다시 정리해보자. 가치투자는 간단하다. 가치투자에는 뛰어난 두뇌가 필요하지 않다. 평균적인 두뇌를 가진 사람이면 누구나 가치투자의 원리를 이해할 수 있다. 가치투자란 어떤 사람에게서 1달러 가치를 60센트에 사서 다른 사람이 그것을 다시 1달러에 사줄 때까지 기다리는 것이다.

자산운용 업계에 전해 내려오는 전설적인 수익률은 대부분 가치투자 전략을 실천하는 펀드매니저들이 만들어왔다. 이들 가치투자매니저들의 펀드 운용경력은 최근 인기를 끌고 있는 펀드매니저들의 평균 나이보다도 많으며, 이들 중 일부는 여전히 현역에서 활동하고 있다. 워런 버핏은 1957년에 처음으로 자신의 펀드를 만들어 운용하기 시작한 이래 50년이 지난 지금까지도 여전히 투자를 계속하고 있다. 버핏이 쌓아온 투자경력 50년은 주요 투자 은행들이 파트너들에게 퇴직을 권고하는 나이다. 빌 루안은 1969년에 세쿼이어 펀드를 만들어 2005년 세상을 떠나기 직전까지 현역에서 투자를 계속했다. 월터 슐로스는 1954년부터 펀드매니저로 일하기 시작해 49년 후인 87세에 은퇴했다. 월터 슐로스는 1956년부터 2000년까지 45년간 연평균 15.3%의 수익률을 올려 같은 기간 S&P500 지수의 연평균 수익률 11.5%를 3.8%포인트 앞섰다. 뱅가드 윈저 펀드의 존 네프나 퍼스트 이글 소젠 글로벌First Eagle SoGen Global 펀드의 장-마리 이베이야르, 오크마크Oakmark 펀드의 빌 나이그렌Bill Nygren 등도 오랫동안 성공적으로 펀드를 운용해왔다.

나 역시 36년간 자산운용업에 종사해왔으며, 지금도 하루 8시간 이상씩 일하고 있다. 나의 파트너인 존 스피어스와 동생 윌도 각각 31년과 29년간 '트위디, 브라운'에서 펀드를 운용해왔다. 우리는 모두 같은 투자철학, 즉 가치투자의 원칙을 공유하고 있다. 그리고 앞으로도 이 투자철학을 바꾸지 않을 것이다. 연금이나 재단 같은 주요 기관투자가들이 평균 3년마다 자산운용사를 바꾸고 개인투자자들도 이와 다르지 않은 현실에서 이는 상당히 놀랄 만한 일이다.

나는 가치투자가 장기적으로 효과가 있다는 사실을 직접 목격하고 경험했다. 또 내가 아는 한 가치투자는 인기 있고 매력적인 다른 운용 스타일이 종종 겪었던 치욕적인 퇴장을 당한 적이 한 번도 없다. 단 며칠 사이에 혹은 단 몇 주일 사이에 펀드 손실이 100%에 달해 운용하던 자산을 모두 날린 펀드매니저 이야기가 종종 들린다.

나는 그러한 불명예스러운 명단에서 단 한 번도 가치투자 매니저의 이름을 발견한 적이 없다. 가치투자의 철학을 따르지 않더라도 일정 기간 동안 더 뛰어난 수익률을 내는 펀드매니저들은 언제나 존재한다. 이 가운데 몇몇은 상당히 오랫동안 탁월한 수익률을 유지한다. 그러나 이들은 예외에 속한다. 장기적으로 주식시장 평균보다 더 높은 수익률을 달성한 펀드매니저 대다수는 진정으로 가치투자 전략을 고수하는 사람들이었다.

가치투자가 이처럼 뛰어나고 성공적인 투자전략이라는 사실이 증명되었다면 왜 모든 펀드매니저와 개인투자자들이 가치투자 원칙을 실천하지 않는 것일까? 어떤 투자전략이 가장 올바른 투자 결정을 내리도록 하는지 경험적으로 증명되었는데도 왜 투자자들은 반복해서 잘못된 투자결정을 내리는 것일까? 이는 이해력의 문제가 아니다. 이해력이라고 한다면 자산운용 업계야말로 가장 뛰어난 교육을 받은 가장 똑똑한 인재들이 몰린다. 연봉이 아주 높기 때문이다. 게다가 자산운용 업계에서의 성공은 매일 주식시장이 마감할 때마다 결정된다. 주식시장은 연봉을 결정하는 연간 실적 평가를 기다리지 않고 매일 주가로 펀드매니저들을 평가한다. 급여수준이 높기 때문인지, 눈에 드러나는 주가로 금세 실력이 드러나기 때문인지 몰라도 IQ가 높을수록 펀드매니저로 성공할 가능성이 높다는 인식이 은연중에 팽배한 것이 사실이다. 투자자들이 역사상 가장 우수한 투자전략으로 증명된 가치투자의 원칙을 따르지 않는 것, 그래서 가장 성공한 투자자 또는 펀드매니저가 되는 기회를 놓

처버리는 원인은 IQ 때문이 아니라 기질과 심리 때문이다. 주식시장에는 군중심리가 있다. 대중을 따라 가면 중간은 간다는 심리다. 자산운용 업계를 지배하는 것도 이러한 집단본능이다. 예를 들어 펀드매니저의 95%가 A주식을 샀다고 해보자. A주식을 따라 사면 설사 A주식의 가격이 떨어진다 해도 그다지 곤란한 상황에 처하지 않는다. 똑똑한 펀드매니저 95%가 당신과 같은 생각으로 A주식을 샀기 때문이다. 그런데 당신이 군중심리를 거슬러 5%만이 산 B주식을 샀다고 해보자. B주식의 주가가 떨어지면 당신은 당장 멍청하다는 소리를 듣게 된다. 군중 심리를 거스르는 역발상 투자를 하면 대다수 펀드매니저를 따라 갈 때보다 평판과 경력에 흠집이 날 위험이 훨씬 커진다. 가치투자를 실천하려면 대중들과 반대 방향으로 나아갈 수 있는 의지가 필요하다. 때로는 멍청하다고 손가락질당하는 위험까지 감수해야 한다.

기술주가 급등하던 1999년에 나는 한 투자자로부터 이런 편지를 받았다. "언제까지 타조처럼 머리를 모래 속에 처박고 그 옛날 엘비스 프레슬리의 환생을 기다릴 작정입니까?" 기술주 상승을 외면하고 구닥다리 주식만 고집하고 있던 나를 비난하는 내용이었다. 그는 기술주에서도 가치를 찾을 수 있다며 이익 대비 주가가 평균 100배에 달하는 기술주 목록을 보내줬다. 나와 파트너들은 주식시장의 거품을 이전에도 경험한 적이 있었기 때문에 이익에 비해 주가가 낮은 기업(저PER주)과 순자산가치에 비해 주가가 낮은 기업(저PBR주)으로 구성된 투자 포트폴리오를 고수했다. 우리는 수십 년간 커다란 수익을 안겨준 가치투자의 원칙을 엄격히 지켰다. 결국 기술주 거품이 꺼지면서 우리의 투자 스타일은 명예를 회복했다. 나에게 편지를 보냈던 투자자가 추천했던 주식들은 1년간 90%가 폭락했다.

워런 버핏은 가치투자의 원칙을 실천하면 수익률이 '울퉁불퉁'해진다고 말한 적이 있다. 장기적으로 더 높은 운용성과를 얻기 위해서는 상대적으로 수익률이 부진한 시기도 견뎌내야 한다는 뜻이다. 나 역시 이 사실을 잘 알고 있으며, 우리 회사에 자산운용을 맡긴 투자자들 대부분도 이러한 사실을 잘 이해하고 있다. 그러나 매우 헌신적인 가치투자자라 해도 주식시장의 급등과 흥분 속에서 흔들리지 않고 원칙을 고수하기란 어려운 일이다.

가치투자를 하려면 또한 투자자들 대부분이 원치 않는 주식을 살 수 있는 용기가 있어야 한다. 대다수가 원치 않는 주식은 뭔가 흠이 있다. 대중들의 눈 밖에 난 주식이다. 그렇지 않으면 왜 주가가 싸겠는가? 칵테일 파티에 참석해 얘기를 나누다 보면 자연스럽게 주식투자로 화제가 흘러간다. 이때 한 사람이 "오늘 아침에 아이오노스피어 커뮤니케이션을 10달러에 샀는데 장 마감할 때 12달러로 올랐어"라고 말한다. 그 즉시 그는 투자의 천재가 된다. 아이오노스피어 커뮤니케이션이 매출액도 없고 이익도 없고 앞에 기다리고 있는 것은 대폭락밖에 없다는 사실 따위는 잊어버려라. 이런 자리에서 "나는 ABC 아이스크림의 주식을 이익의 6배, 순자산가치의 절반 가격에 샀어"라고 말하는 것은 우스꽝스러워 보인다. 이런 얘기를 했다간 듣는 사람들의 하품만 유발할 뿐이다. '섹스어필'은 주식시장에서도 통한다. 모든 사람들이 가장 최근의 섹시한 주식을 보유하기를 원한다. 가치주는 잔디가 자라는 것을 지켜보는 것만큼이나 지루하다. 하지만 집 앞마당의 잔디가 일주일만 내버려둬도 얼마나 많이 자라는가?

사람들은 투자를 비롯해 거의 모든 일에서 즉각적인 만족을 원한다. 때문에 투자자들은 주식을 살 때 주가가 즉각 오르기를 기대한다. 주가가 빨리 오르지 않으면 팔고 다른 주식을 산다. 반면 가치투자자는 농부와 비슷하다. 농부는 씨앗을 심고 농작물이 자라나기를 기다린다. 날씨가 추워 옥수수 싹이 좀 늦게 튼다고 해도 농부는 밭을 갈아엎고 다른 씨앗을 심지 않는다. 옥수수 싹이 땅을 뚫고 나오기를 끈기 있게 기다린다. 농부는 옥수수 씨앗이 언젠가는 반드시 싹을 틔울 것이라고 확신한다.

지나친 자신감도 가치투자를 하는 데 걸림돌로 작용한다. 투자자들이 기다리지 못하고 주식을 자주 샀다 팔았다 하는 이유는 다른 주식으로 갈아타면 더 높은 수익을 올릴 수 있다고 자신하기 때문이다. 더 높은 수익을 올릴 자신이 없으면 그저 묵묵히 기다리게된다. 나는 25회 대학 동창회 때 열린 세미나에서 심리학자들이 여러 번 해봤던 실험을 직접 해본 적이 있다. 학력수준이 비슷한 사람들을 한곳에 모아놓고 자신의 투자실력이 그곳에 모인 다른 사람들과 비교할 때 어느 정도라고 생각하는지 1~10의 범위 내에서 평가해 달라고 요청했다. 1~10의 평균은 5다. 통상 절반은 투자실력이 더 뛰어나고 절반은 그렇지 않은 것으로 나와야 한다. 하지만 실험 결과는 몇 번을 반복해도 평균이 7.5로 나왔다. 모두가 자신은 평균 이상으로 똑똑하다고 생각한다는 얘기다.

대부분의 펀드매니저들이 적극적으로 주식을 사고팔며 자산을 운용하지만 전체 펀드매니저의 단지 15%만이 장기적으로 주식시장의 대표지수보다 높은 수익률을 올린다. 하지만 이런 경험적인 증거에도 불구하고 거의 모든 펀드매니저들과 그 고객들은 자기만은 주식시장을 이길 수 있을 것이라고 확신한다. 모두가 자신은 수익률 상위 15% 안에 포함될 것이라고 믿는 것이다.

이런 식의 과도한 자신감은 펀드의 매매 회전율에서도 드러난다. 매매 회전율이란 운용기간 중 매도한 주식가액의 총액을 그 기간 중 보유한 주식의 평균가액으로 나눈 비율을 말한다. 매매 회전율이 높으면 주식을 자주 사고팔았다는 얘기다. 다시 말하지만 투자자들이 어떤 주식을 팔고 다른 주식을 사는 것은 새로 산 주식이 더 낫다고 생각하기 때문이다. 그러나 연구 결과에 따르면 자신의 능력을 과신하는 투자자들은 남보다 자주 매매하면서 수익률은 더 낮은 경향이 있다. 미국 증권사 찰스 슈왑에서 이뤄진 10만 건의 주식매매를 조사한 결과 투자자들이 판 주식이 새로 산 주식보다 1년 뒤 3.4%가 더 올랐다. 보유하는 주식을 교체해 수익률을 높일 수 있다는 자신감이 없는 투자자들은 묵묵히 기다리게 된다. 따라서 매매 빈도는 투자자 개인의 자신감과 직접적으로 연관된다고 할 수 있다. 게다가 자주 매매하는 투자자들은 더 위험한 주식을 사는 경향이 있다. 그들은 배가 암초에 부딪혀 좌초하기 직전에 배에서 탈출할 수 있을 것이라 확신하는 사람들처럼, 위험한 주식을 샀다 팔았다 하며 수익을 높이려 한다. 파스칼이 말했듯 "사람들의 문제는 대개 혼자 조용히 앉아 있지 못하는 것에서 발생한다."

빠르게 주식을 샀다 팔았다 하는 단타 매매는 주식매매 프로그램인 홈트레이딩 시스템HTS이 깔린 컴퓨터에 거의 온종일 매달려 있는 개인투자자에게만 국한되는 일이 아니다. 펀드매니저와 같은 전문투자가들도 매매에 대한 자신감이 과도한 경향이 있다. CNN이 발행하는 투자 전문지《머니》에 소개된 금융 전문 저술가인 피터 번스타인Peter Bernstein의 조사 결과를 보면 1959년에 펀드의 평균 회전율은 16.4%에 불과했다. 당시 펀드의 평균 주식 보유기간은 6년에 달했다. 반면 오늘날 펀드의 평균 회전율은 100%를 훨씬 넘어선 뒤에도 계속 높아지고 있다. 펀드 회전율이 높아진 이유는 부분적으로 펀드매니저의 자신감이 과도하기 때문이다. 게다가 경쟁에 대한 압박감도 펀드매니저의 잦은 매매를 부추긴다.

이제 펀드 운용은 머리로 하는 행동과 동일시되는 듯한 느낌이다. 또 펀드매니저는 행동하는 데 대해 보상을 받는 것 같다. 예를 들어 오늘 제약주인 화이자Pfizer를 팔고 내일 또 다른 제약주인 존슨&존슨을 사는 것이 현명한 행동으로 여겨진다. 꼼꼼하게 조사해 투자할 주식을 신중하게 고른 뒤 기다리는 것만으로는 충분하지 않다. 좋은 주식들로 포트폴리오를 구성한 뒤 주가가 오르기를 기다리고 있으면 얼마 안 가 상부의 누군가가 당신의 포트폴리오에 별 다른 변화가 없다는 사실을 눈치채고 이유가 뭐냐고 묻는다. 당신은 지금 보유하고 있는 주식들이 다른 주식들보다 더 좋기 때문이라고 대답하겠지만 이런 설명은 설득력 있게 다가오지 않는다. 그저 주식시장에 대한 이해가 부족하고 결단력이 없어 보일 뿐이다.

모든 사람들이 주식시장이 때로는 오르고 때로는 떨어진다는 사실을 안다. 다행스러운 것은 주식시장의 장기적인 추세는 위를 향하고 있다는 것이다. 그렇지 않으면 누가 주식에 투자하겠는가? 모든 투자자들이 자신의 목표는 장기적으로 주식시장을 이기는 것, 즉 주식시장의 대표지수보다 높은 수익률을 얻는 것이라고 말한다. 또 모든 투자자들이 한결같이 자신은 보수적인 투자자라고 생각한다. 그러나 단기적으로 주식시장을 바라보는 관점은 다르다. 주식시장이 오를 때는 투자한 주식이 시장보다 더 오르기를 원하고 주식시장이 떨어질 때는 시장보다 덜 떨어지기를 원한다. 주식시장이 오를 때는 많은 투자자들이 오르는 시장을 이기기 위해 대담하게 행동하고, 주식시장이 떨어질 때는 투자자산을 보존하기 위해 시장에서 탈출하려고 한다. 주식시장이 오를 때나 떨어질 때나 항상 시장을 이기는 것은 보통 대단한 기술이 아니다.

1975년부터 2005년까지 31년 가운데 S&P500 지수가 20% 이상 오른 해는 총 12년에 달한다. 전체 31년 중에 거의 39%에 해당하는 기간이다. 당신이 그때 주식시장만큼만 또는 시장과 거의 비슷한 정도로만 투자를 잘했더라도 수익률에 매우 만족했을 것이다. 31년간 S&P500 지수의 연평균 수익률은 13.5%였다. 시황이 그리 좋지 않은 시기에는 S&P500 지수가 하락하거나, 상승했다 해도 31년간의 연평균 수익률 13.5%의 절반 정도밖에 오르지 못했다. 장기적으로 좋은 투자 결과를 얻는 비결은 시황이 그리 좋지 않을 때 주식시장을 이기는 것이다. 신중함은 시황에 따라 변하는 것이 아니다. 주식시장이 떨어질 때는 새삼 더 신중해지지 않아도 되며, 주식시장이 오를 때는 신중함을 잊지 않기 위해 주의를 기울여야 한다. 시장이 좋을 때나 나쁠 때나 마음의 상태를 한결같이 유지하는 것이 장기적으로 성공하는 투자자가 되는 비결이다.

매우 현명하고 존경받는 투자 전문가들 가운데 시장을 이기는 것은 거의 불가능에 가깝다고 생각하는 사람들이 있다. 이는 주식 매매 수수료와 펀드에 붙는 각종 수수료 등 비용부담 때문일 수도 있고, 투자자들이 타이밍에 어긋나는 투자결정을 내리기 때문일 수도 있다. 이런 생각을 갖고 있는 전문가들은 인덱스 펀드를 통해 주식시장에 항상 머물러 있으라고 권한다. 인덱스 펀드는 S&P500 지수와 같은 주식시장의 대표지수를 따라 투자하는 펀드를 말한다. 장기적으로 인덱스 펀드의 수익률이 대부분의 펀드매니저들보다 더 좋은 것은 사실이다. 그러나 인덱스 펀드가 언제나 주식투자의 특효약은 아니다.

예를 들어 S&P500 지수는 1928년 말 24.35까지 올랐다가 1929년 주가 대폭락으로 큰 폭으로 떨어진 후 1952년까지 무려 24년간 1928년 말 고점을 회복하지 못했다(이 기간 동안 배당금은 상당히 후했으므로 배당금을 포함하면 1952년보다 몇 년 일찍 1928년의 투자자금을 회복할 수 있었다). 또 S&P500 지수는 1972년 연말에 고점을 치고 하락하기 시작했는데 이후 배당금을 모두 재투자했을 경우 1972년 고점을 회복하기까지 5년이 걸렸다. 그리고 S&P500 지수는 1999년 말 고점을 2005년 말까지 6년 동안 회복하지 못했다. 6년간 배당금을 모두 재투자했다 해도 2005년 말 S&P500 지수는 1999년 12월 31일 지수에 비해 여전히 7%가 낮다. 투자할 때 인내심이 미덕이라고 해도 단지 손해를 회복하기 위해 5년, 6년, 20년을 기다려야 한다는 것은 형벌이나 마찬가지다.

내가 직접 지켜본 결과 가치투자자는 그렇게 오랫동안 실적 부진에 시달린 경우가 없었다. 왜 그럴까? 가장 현명하다는 지수조차 가격거품의 희생양이 되는 상황에서 어떻게 가치투자자들은 무사할 수 있는 것일까? 위에서 언급한 세 차례의 주가 급등기, 즉 1920년대의 증시 활황, 1970년대 초 니프티 피프티 호황, 1990년대 말 기술주 거품 모두 몇몇 기업의 주가가 지나치게 오르면서 S&P500 지수가 왜곡되는 현상이 나타났다. 예를 들어 가장 최근의 주가 급등기인 1999년에 S&P500 지수에서 기술주가 차지하는 비중은 30%로 역사적인 평균 수준인 15~16%에 비해 2배 정도 높아졌다. 어떤 특정한 시기에는 지수조차 보수적인 투자가 될 수 없다는 뜻이다.

저명한 주식투자 분석가인 제러미 시겔은 인덱스 투자의 열렬한 지지자이다. 시겔은 저서 《투자의 미래》에서 개별 요구에 따라 변형된 맞춤 지수의 개념을 도입했다. 그는 대형주 위주로 구성된

S&P500 지수에서 이익에 비해 주가가 높은 고PER주를 제외하고 대신 중소형주를 편입시켰을 때 훨씬 더 수익률이 좋아진다는 사실을 발견했다. 주식시장을 대표하는 지수는 대부분 S&P500 지수처럼 대형주 위주로 구성된다. 여기에서 고PER주를 제외하고 중소형주를 넣으면 수익률이 더 좋아진다는 말은 이익에 비해 주가가 낮은 저PER주에 투자할 때 수익률이 더 좋아진다는 뜻이다. 결국 본질적으로 중요한 것은 가치다.

일반 대중과 다른 의견을 갖는다는 것, 즉 진정한 가치투자자가 된다는 것은 쉬운 일이 아니다. 때때로 남과 다르다는 데서 오는 커다란 압박을 견뎌내야 하기 때문이다. 주식시장의 흐름을 추종하는 모멘텀 투자와 시장 주도주에 투자하는 성장주 투자는 가치투자보다 훨씬 더 많은 흥분과 전율, 그리고 궁극적으로는 더 큰 충격을 안겨준다. 가치투자는 롤러코스터를 타는 것이 아니라 목적지까지 단조롭고 긴 여행을 하는 것과 같다.

21. 세월이 흐르면
방법도 변한다

그러나 원칙은 변하지 않는다

세월이 흐르면서 가치주를 규정하는 기준도 변해왔다. 내가 1969년
에 '트위디, 브라운'에 입사해 처음으로 했던 일은 S&P가 매월 발간
하는 기업편람을 보고 주가가 순유동자산의 가치보다 낮은 기업을
찾아내는 것이었다. 유동자산은 현금이나 유가증권 등 즉시 현금화
가 가능한 당좌자산과 재고자산을 합한 것이고, 순유동자산가치는
유동자산에서 1년 이내에 갚아야 할 빚을 모두 뺀 것이다. 이러한
투자기준은 그레이엄이 가장 먼저 활용하기 시작한 것으로 매우 성
공적인 투자 결과를 낳았다. 우리는 또 기업을 단기간에 처분할 때
얻을 수 있는 가치인 청산가치보다 낮게 팔리는 주식을 샀다. 우리
가 이러한 기준으로 투자할 주식을 고를 당시에는 과거 수십 년과
마찬가지로 제조업이 미국 경제를 주도하고 있었다.

미국 경제가 1960년대와 1970년대, 1980년대를 거쳐 비약적으

로 발전하면서 철강이나 섬유 같은 전통 제조업은 쇠퇴하고 대신 소비재 산업과 서비스 산업의 비중이 점점 더 커져갔다. 소비재 기업과 서비스 기업은 이익을 창출하는 데 필요한 공장이나 설비 등의 고정 유형자산이 전통 제조업에 비해 훨씬 더 적었다. 이에 따라 기업의 가치를 평가할 때 고정 유형자산을 포함한 순자산가치가 갖는 중요성도 줄어들었다. 대신 가치투자자들은 이익을 더욱 중시하게 됐다. 방송사와 신문사 등 미디어 기업은 고정 유형자산이 적어 장부가치가 상당히 낮은 편인데도 막대한 이익을 창출하는 대표적인 기업이다. 만약 내가 시대의 변화를 감안하지 않고 과거의 잣대로만 기업의 가치를 평가했더라면 미디어 기업은 당연히 무시하고 넘어갔을 것이다. 그러나 세월이 흐름에 따라 기업의 가치를 평가하는 방법도 달라진다는 사실을 배우면 소중한 투자기회를 놓치지 않을 수 있다.

나는 또 전통 제조업체보다 훨씬 더 빠른 속도로 이익이 성장하는 기업에 투자하면 높은 수익을 얻을 수 있다는 사실도 알게 됐다. 기업의 현재 가치에만 관심을 쏟다가 성장에까지 눈을 돌리게 된 것이다. 기업의 성장과 가치가 실은 긴밀하게 연결되어 있다는 사실을 실증적으로 증명한 사람이 워런 버핏이라고 생각한다. 성장과 가치의 차이는 대부분 가격의 문제다. 성장을 인정하면 기업의 가치에 비해 높은 주가를 어느 정도 인정해줘야 한다. 실제로 순자산가치만을 기준으로 주식을 샀던 과거에 비해 조금 더 높은 주가를 인정하자 아메리칸 익스프레스(신용카드사), 존슨&존슨(제약회사), 캐피털 시티스 브로드캐스팅(방송사)과 같은 좋은 주식이 저평가되어 있다는 사실을 알게 됐다. 이런 기업들은 전반적인 경제보다 더 빠르게 성장했고 또 성장하고 있다. 따라서 주가를 이익으로 나눈 주가수익비율PER을 전통 제조업보다 조금 더 높게 인정해줄 필요가 있다. 즉, 이익 대비 주가가 전통 제조업체보다 좀 높아도 무방하다는 얘기다.

1980년대 중반에는 차입매수LBO, Leveraged Buyout라는 기업 인수합병 기법이 등장했다. 차입매수LBO란 인수할 기업의 자산을 담보로 돈을 빌려 기업을 인수하는 것을 말한다. LBO는 자기 돈을 거의 들이지 않고 기업을 매수할 수 있다는 점이 특징이다. 당시 LBO가 유행하게 된 배경에는 2가지 이유가 있었다. 첫째, 미국 경제가 1970년대에 높은 인플레이션을 경험하면서 기업이 가진 자산의 실제 가치가 장부상 가치보다 크게 높아졌다. 예를 들어 ABC 아이스크림이 5년 전에 1,000만 달러를 투자해 새 공장을 건설했다고 하자. 이 공장의 가치가 10년에 걸쳐 감소하는 것으로 계산해 회계장부에 매년 100만 달러씩 감가상각비를 반영했을 경우 5년이 지난 현재 이 공장의 가치는 회계장부상 500만 달러가 된다. 그런데 5년간 물가가 오르면서 같은 공장을 짓는 데 1,500만 달러가 필요하게 됐다. 그러면 이 공장의 회계장부상 가치는 실제 가치에 비해 크게 저평가된 것이다. 담보가치의 60%까지 대출받을 수 있다고 한다면 이 공장을 담보로 제공했을 경우 빌릴 수 있는 돈은 실제 가치의 60%인 900만 달러다.

둘째, 1970년대 말과 1980년대 초는 살인적인 인플레이션 때문에 금리가 기록적으로 올라갔던 때다. 높은 금리 탓에 주가는 수십 년 만에 최저 수준으로 하락했다. 당시 미국의 장기 국채 수익률은 14%에 달했다. 안전한 국채에만 돈을 넣어둬도 매년 14%의 이자를 챙길 수 있는데 누가 위험한 주식에 투자할까? 당시 S&P500 지수에 편입된 기업들의 주가수익비율PER은 한 자릿수에 불과했다. 결과적으로 회계장부상 저평가된 기업의 자산을 시가로 평가해 이를 담보로 돈을 빌리면 주가가 큰 폭으로 떨어져 가격이 기록적으로 싸진 기업을 큰돈 들이지 않고 쉽게 인수할 수 있었다. 실제로 1980년대 중반에는 통상 세전 이익의 4.5배에 기업이 인수되곤 했다. 현재는 기업이 인수될 때 평가받는 가격이 세전 이익의 9~12배로 높아졌다. 지금 돌아보면 1980년대 중반은 기업의 자산과 이익, 어느 기준으로 보나 기록적으로 싼 가격에 주식을 살 수 있는 일생일대의 기회였다.

나는 인수합병 거래를 가능한 한 많이 조사해 기업이 어느 정도 가격에 인수됐는지 알아본다. 이렇게 수집한 실제 기업의 인수 가격을 데이터베이스로 구축해 LBO로 인수될 때 받을 수 있는 가격보다 주가가 더 낮은 주식을 골라내는 데 이용하고 있다. 이로써 나는 '싼' 주식을 판단할 수 있는 또 하나의 방법을 갖게 됐다. 나는 이 방법을 '감정평가 방법'이라고 부른다. 저평가된 기업을 찾을 때 나는 여전히 이익 대비 주가의 비율PER과 순자산가치 대비 주가의 비율PBR도 활용한다. 감정평가 방법은 가치투자의 기회를 판단하는 데 사용할 수 있는 세 번째 수단이다. 주가가 실제 가치보다 낮은지 높은지 판단할 수 있는 또 다른 방법이 있다면 나는 그 방법도 기꺼이 활용하고 싶다.

가치주를 고르는 방법과 기준은 세월이 흐르면서 변해왔다. 앞으로도 시대의 변화와 더불어 진화해나갈 것이다. 중요한 것은 가치투자의 원칙 그 자체는 변함이 없다는 것이다. 세월이 흘러도 변치 않는 가치투자의 원칙은 주식을 실제 가치보다 싸게 사서 주가가 기업의 진정한 가치에 근접하면 파는 것이다. 가치투자는 다른 어떤 투자전략보다 쉽다. 가치투자는 매일 주식매매 시스템 앞에 붙어 앉아 열을 내며 주식을 샀다 팔았다 할 필요가 없다. 안전마진을 가진 주식을 내재가치보다 싸게 산 뒤 인내하며 기다리면 된다. 그러면 가치투자 전략이 장기간에 걸쳐 지속적으로 주식시장의 대표지수를 이길 수 있는 최선의 방법이자 꾸준히 부를 늘려나갈 수 있는 최고의 방법이란 사실을 경험하게 될 것이다.

가치투자를 할 때 가장 실천하기 어려운 부분은 바로 인내하는 것이다. 가치투자자로서 해야 할 일은 주가가 실제 가치보다 낮은 주식을 발견해 사는 것으로 끝난다. 이제 나머지는 그 주식에 달렸다. 그 주식은 내일 당장 실제 가치에 근접한 수준으로 올라갈 수도 있다. 또는 다음 주에 그럴 수도 있고 내년에 그럴 수도 있다. 심지어 5년간 주가가 별 변화 없이 제자리걸음만 계속할 수도 있다. 그 주식이 언제 재평가를 받아 실제 가치만큼 주가를 인정받을 수 있는지 알 수 있는 방법은 없다. 이 때문에 가치투자의 원칙을 고수하다 보면 다른 투자전략에 비해 수익률이 크게 저조한 시기도 나타난다. 이럴 때는 매우 실망스러울 것이다. 가치투자의 기준에 맞는 주식은 거의 찾을 수 없는데 주식시장이 큰 폭의 상승세를 이어가고 있다면 좌절감이 더욱 심할 것이다. 때로는 가치투자를 포기해버리고 싶을 것이다. 때로는 가치투자의 기준을 조금 완화해서 당분간 계속 오를 것 같은 최고의 인기 주식을 뒤따라 사고 싶은 유혹도 느낄 것이다. 그러나 기억하라. 가치투자자들이 항복을 선언하고 오르고 있는 주식시장을 뒤늦게 쫓아가고 싶은 유혹을 느낄 때, 그때가 바로 뜨거운 주식시장이 얼음처럼 차가워지기 시작하는 때다.

나는 단기적으로 주가의 방향을 예측할 수 있는 능력을 갖고 있지 않다. 나뿐만 아니라 다른 누구에게도 그런 능력은 없다고 생각한다. 어떤 기술주가 마이크로소프트처럼 미래의 성장주가 될지, 어떤 기술주가 고꾸라질지 사람들이 미리 예측할 수 있다고 생각하지 않는다. 내가 아는 단 한 가지는 가치투자 기준에 따라 안전마진이 확보된 싼 주식을 여러 개 사서 분산 투자하는 것이 가장 건전한 투자전략이라는 사실이다. 이러한 사실은 경험적으로 또 여러 연구 결과를 통해 증명됐다. 따라서 앞으로는 그렇지 않을 것이라고 판단할 이유는 없다고 생각한다.

이 책을 번역하면서 돈 버는 주식투자, 펀드투자의 원칙을 배웠다. 이 책을 통해 '아, 이렇게 하면 부자가 될 수 있겠구나' 하고 깨달을 수 있었다. 재테크 서적이라면 적지 않게 읽었다고 자부하지만 가치투자의 거장 크리스토퍼 브라운의 이 책만큼 단순하고 구체적으로 부자가 되는 재테크 비법을 알려준 책은 없었다.

개인적으로 이 책을 통해 배운 재테크의 비결은 3가지다. 첫째는 주식시장에 계속 머물러 있어야 한다는 점이다. 나는 2년 이상 증권부 기자로 일하며 주식투자라면 꽤 안다고 생각해왔다. 그래서 했던 것이 펀드에 투자하면서 수익률이 좋지 않으면 금세 환매해버리고 주식시장이 좀 하락하겠다 싶으면 또 환매해버리는 것이었다. 그 결과 엄청난 펀드 수익률을 기록했느냐 하면 전혀 '아니올시다'다.

피터 린치는 기록적인 수익률을 올린 전설적인 펀드매니저다. 그러나 이 책에 따르면 그가 운용하던 마젤란 펀드에 투자한 사람들 중 상당수가 손실을 입었다고 한다. 펀드에 꾸준히 돈을 묻어 두지 못하고 수익률이 좀 나쁘다 싶으면 환매했다가 수익률이 좋다 싶으면 또다시 투자하는 방식을 반복했기 때문이란다. 이 책을 쓴 브라운은 주식시장의 흐름을 예측할 수 있다고 생각하고 주식이든 펀드든 샀다 팔았다 하는 것이 가장 어리석은 행동이라고 말한다. 이는 물건을 비싸게 사서 싸게 파는 것과 똑같은 행동이다.

주식시장이 앞으로 어떻게 될지, 펀드 수익률이 어떻게 될지 아무도 모른다. 괜찮다 싶은 주식 또는 펀드라면 투자한 뒤 믿고 기다릴 줄 알아야 한다. 주식시장에 들락날락하지 않고 꾸준히 투자하면 10년, 20년 후에 크게 불어나 누구나 부자가 될 수 있다. 이것이 이 책에서 얻은 가장 큰 교훈이다.

둘째, 주식투자가 위험한 것은 처음에 주식을 산 가격 때문이란 사실을 배웠다. 아무리 좋은 주식이라도 비싸게 사면 손해를 볼 수 있다. 처음 주식을 살 때는 자동차를 사듯이, 냉장고를 사듯이 꼼꼼히 성능도 비교해야 하지만 가격도 비교해서 싸게 사야 한다. 남이 좋다고 해서 덜렁 사는 것은 주식투자를 위험하게 만드는 가장 확실한 방법이다.

셋째는 예금이나 채권투자에 비해 주식투자가 장기적으로 더 우월한 재테크 방법이란 사실을 확신하게 됐다. 예금이나 채권에는 금리가 붙지만 매년 오르는 물가 상승률을 감안하면 실제 금리는 대폭 낮아진다. 반면에 주식은 오르기도 하고 떨어지기도 하지만 장기적으로 인플레이션을 이길 수 있는 유일한 방법이다. 좋은 회사는 인플레이션보다 더 큰 폭으로 성장하고 이는 주가에 반영되기 때문이다.

이 책을 읽고 주식투자, 펀드투자에 확신이 생겼다. 주식투자, 펀드투자를 오래 하면 나도 부자가 될 수 있겠다는 믿음을 얻었다. 개인적으로 엄청난 수확이 아닐 수 없다. 이 책을 읽는 독자들도 돈을 버는 간단하지만 큰 수확을 얻어가길 바란다. 이 책의 저자인 브라운은 주식을 잘 모르는 초보자들조차 이해할 수 있도록 가치투자의 기본 개념은 물론이고 실제 가치투자를 실천하는 방법까지 차근차근 쉽게 설명하고 있다. 주식 초보자라면 가장 성공적인 투자법을 쉽게 배우는 계기가 될 것이고, 투자 전문가라면 주식투자를 근본부터 다시 생각해볼 수 있는 계기가 되리라 믿는다. 역자로서 덧붙이고 싶은 말은, 작은 책이라 가벼운 마음으로 번역을 시작했지만 번역하는 과정은 생각보다 쉽지 않았다는 점이다. 평생 가치투자를 실천해온 거장의 생각을 초보 주식투자자들도 이해할 수 있는 쉬운 우리말로 옮긴다는 게 만만치 않은 작업이었다. 물론 가치투자는 쉽다. 그러나 그 개념을 정확한 우리말을 찾아 옮기는 일은 쉽지 않았다.

미국과 우리나라의 주식시장 관련 규정이 다르다는 점도 번역 중에 만난 난관이었다. 미국과 우리나라의 다른 점은 '역자 주'를 달아 처리했고, 책은 최대한 원문을 살려 옮기되 우리 글로 쉽게 읽힐 수 있도록 최선을 다했다. 가치투자의 거장이 말하고 싶었던 가치투자의 개념이 부디 이 책을 읽는 투자자들에게 저자의 의도 그대로 전달되기를 바란다.

권성희

옮긴이 권성희

연세대학교 식품영양학과를 졸업하고 《한국경제신문》에
서 유통부와 문화부 기자를 지낸 후 경제 주간지 〈한경
BUSINESS〉 창간 멤버로 참여했다. 이후 'KTB네트워크'
홍보실에서 홍보 마케팅 차장을 역임하고 2000년 '머니투
데이'에 입사하여 국제부와 증권부를 거쳐 머니투데이 방
송(MTN) 경제증권 부장으로 일하고 있다. 《그들은 어떻
게 유명해졌을까》, 《돈 잘 버는 여자들의 9가지 원칙》, 《준
비하는 엄마는 돈 때문에 울지 않는다》를 썼고, 옮긴 책으
로는 《피터 린치의 이기는 투자(개정판)》, 《미래 시장을 잡
는 독점의 기술》, 《존 템플턴의 성공론》, 《존 템플턴의 행복
론》, 《리치 우먼》 등이 있다.

감수자 이상건

미래에셋투자와연금센터 대표. 어려운 투자 지식과 전략을
대중의 눈높이에 맞춰 설명하는 분야에서 자타공인 대한민
국 최고의 전문가로 손꼽힌다. 서강대학교 신문방송학과를
졸업했고 동부생명, 한경와우TV 기자를 거쳐 경제 주간지
〈이코노미스트〉의 금융 및 재테크 팀장을 맡았다. 《부자들
의 개인 도서관》, 《부자들의 생각을 읽는다》, 《돈 버는 사람
은 분명 따로 있다》 등 투자자들 사이에서 스테디셀러로 자
리 잡은 경제서를 썼다. 감수한 책으로는 《피터 린치의 이
기는 투자(개정판)》, 《피터 린치의 투자 이야기(개정판)》, 《저
스트. 킵. 바잉.》 등이 있다.

크리스토퍼 브라운
가치투자의 비밀(개정판)

초판 1쇄 발행 2007년 5월 28일
개정 1쇄 발행 2023년 1월 2일
개정 3쇄 발행 2024년 9월 30일

지은이 크리스토퍼 브라운
옮긴이 권성희
감수자 이상건
펴낸이 유정연

이사 김귀분
기획편집 신성식 조현주 유리슬아 서옥수 황서연 정유진 **디자인** 안수진 기경란
마케팅 반지영 박중혁 하유정 **제작** 임정호 **경영지원** 박소영

펴낸곳 흐름출판(주) **출판등록** 제313-2003-199호(2003년 5월 28일)
주소 서울시 마포구 월드컵북로5길 48-9(서교동)
전화 (02)325-4944 **팩스** (02)325-4945 **이메일** book@hbooks.co.kr
홈페이지 http://www.hbooks.co.kr **블로그** blog.naver.com/nextwave7
출력·인쇄·제본 (주)상지사 **용지** 월드페이퍼(주) **후가공** (주)이지앤비(특허 제10-1081185호)

ISBN 978-89-6596-549-7 03320